ARGE Jugend gegen Gewalt und Rassismus

Christian Ehetreiber, Heimo Halbrainer, Bettina Ramp

Der Koffer der Adele Kurzweil.

Auf den Spuren einer Grazer jüdischen Familie in der Emigration

CLIO • Graz • 2001

Ein Projekt der ARGE Jugend gegen Gewalt und Rassismus in Kooperation mit Clio, finanziert durch:

Land Steiermark – Landesjugendreferat, Land Steiermark – Wissenschaftsabteilung, EU-Programm „Jugend", Stadt Graz – Kulturamt, Grazer Wechselseitige, Israelitische Kultusgemeinde

Umschlaggestaltung: Christian Stenner
Druck: Khil, Graz
Printed in Austria

ISBN 3-9500971-2-0

Clio. Verein für Geschichts- und Bildungsarbeit, Großgrabenweg 8, 8010 Graz,
Tel. ++43 (0) 316 / 35 71 94,
E-Mail: clio@gewi.kfunigraz.ac.at, www-gewi.kfunigraz.ac.at/clio

Titelbild: Adele Kurzweil Visaantrag (Musée de la résistance et de la déportation, Montauban)

Inhalt

Vorworte

Die Familie Kurzweil – Biographie und Erinnerungen

Graz 1900-1938

Flucht nach Frankreich

Flucht und Migration heute

Vorworte

Steirische Jugendliche überwinden Grenzen

Gewalt, Kriege und Rassismus gefährden Weltfrieden, die friedliche Verständigung zwischen den Völkern und das gedeihliche Miteinander zwischen den einzelnen Bürgern. Für die Welt- und Europapolitik ergibt sich daraus ebenso wie für die Bundes-, Landes- und Kommunalpolitik die Herausforderung, Maßnahmen zu entwickeln, welche auf den Dialog der gemäßigten Kräfte und Personen setzen. Diese Politik des Dialogs über weltanschauliche oder konfessionelle Grenzen hinweg braucht freilich Geduld und Einfühlungsvermögen, geht es dabei doch um die oft mühsame Erringung eines von allen Partnern getragenen Konsenses, eines tragfähigen Kompromisses oder des bewussten Verzichts auf die rücksichtslose Durchsetzung von Interessen einzelner.

Die Dialogfähigkeit als politische und auch ganz alltägliche Grundtugend unseres Zusammenlebens kann gar nicht früh genug – in Familie und Schule – erlernt und geübt werden. Insbesondere hier in unserer Steiermark, die wir schon von unserer geopolitischen Lage her ein Land des Ausgleiches, ein Land des Dialogs und der Verständigung sind. Das ist auch unserer besten historischen Dimension zuzuschreiben, jenem souveränen Staat „Innerösterreich", in dem Slawen, Romanen und Deutsche friedlich zusammengelebt haben. Vor diesem Hintergrund einer umfassenden Menschenbildung im europäischen Geist von Toleranz und Respekt sind all jene Initiativen und Projekte an steirischen Schulen zu unterstützen, welche die Entwicklung von Dialogfähigkeit, von demokratischem Bewusstsein und eines gewaltfreien Miteinander fördern.

Das bilaterale Jugend- und Forschungsprojekt, bei dem Jugendliche aus Graz und aus Montauban die Themen „Flucht und Migration in der NS-Zeit und in der Gegenwart" ein Jahr lang mit viel Einsatz erforscht haben, ist ein derartiges Projekt, das den Dialog in den Mittelpunkt rückt. Die mit der Projektarbeit befassten steirischen Jugendlichen haben in langwieriger, oft mühsamer Recherche die tragische Geschichte der Grazer Familie Kurzweil, die in Auschwitz ermordet wurde, rekonstruiert und danach gefragt, welche Lehren aus dieser Geschichte für unsere Gegenwart gezogen werden können. Die Antworten der Jugendlichen lassen sich zusammenfassen: Vertrauen in Demokratie und Parlamentarismus, Einhaltung der Rechtsstaatlichkeit, lebendige Verwirklichung christlicher und europäischen Werte sowie die Entwicklung einer Kultur der Toleranz, des wechselseitigen Respekts und der Anerkennung gilt es als Vorteil für den einzelnen wie für den Staat hervorzuheben. Die vorliegende Broschüre wie auch die Ausstellung sind eine eindringliche Warnung vor Intoleranz, Missachtung von Menschenwürde und Menschenrechten sowie totalitärer Formen von Politik.

Die überparteiliche ARGE Jugend gegen Gewalt und Rassismus, die von der Wissenschaftsabteilung des Landes Steiermark für dieses Projekt gefördert worden ist, konnte das bilaterale Vorhaben während einer sehr schwierigen außenpolitischen Situation initiieren und erfolgreich zu Ende bringen. Als Landeshauptmann der Steiermark darf ich den Jugendlichen wie allen anderen federführenden Beteiligten zum Gelingen dieses Projekts sehr herzlich gratulieren, zeigt diese Broschüre doch sehr eindrucksvoll, dass steirische Jugendliche äußerst engagiert Grenzen überwinden und Brücken bauen können.

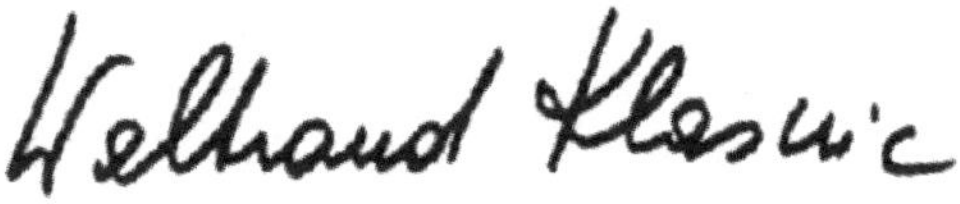

Waltraud Klasnic
Landeshauptmann der Steiermark

Ein wertvoller Beitrag

Gerade in unserer hektischen und oft sehr rücksichtslos gewordenen Zeit, in der viele Menschen den Bezug zur Geschichte und deren Aufarbeitung vergessen und verdrängen, wird es immer wichtiger sich zu Wort zu melden, wenn es um Grundwerte unserer Gesellschaft geht.

Deshalb darf ich der ARGE Jugend gegen Gewalt und Rassismus zu Ihrer Initiative gratulieren, dass sie sich dieses Themas annimmt und vor allem jenen Jugendlichen aus sechs Grazer Schulen, die sich mit der Flucht- und Migrationsgeschichte der Grazer Jüdin Adele Kurzweil beschäftigt haben.

Solche Initiativen tragen ganz wesentlich dazu bei, Verständnis für das Schicksal anderer Menschen zu entwickeln. In einer Zeit, in der meistens nur mehr das eigene Vorwärtskommen und der eigene Vorteil zählen, ist dieser Beitrag umso wertvoller.

Dr. Peter Schachner-Blazizek
Landeshauptmannstellvertreter

Jacques Latu

Vorbemerkungen aus Montauban

Im Oktober 1938 verließ die österreichisch-jüdische Familie Kurzweil in Folge des Anschlusses Österreichs an Hitlerdeutschland ihre Heimat: Bruno, der Vater, der Rechtsanwalt in Graz war, Gisela, die Mutter, und Adele, ihre Tochter.

Nach einem Irrweg, der sie über die Schweiz, Paris und ein französisches Internierungslager für Ausländer führte, erhalten die Eheleute einen Passierschein für Tarn-et-Garonne. Adele, die aus Sicherheitsgründen der Gruppe der „Roten Falken" angehört, wohnt zu diesem Zeitpunkt im Auffanglager der O.S.E. (Kinderhilfsorganisation) und folgt ihren Eltern nach Montauban nach, einem Ort, der den ausländischen Familien, die vor den Nazis und der Verfolgung flüchten, Schutz und Asyl gewährt. Doch es dauerte nicht lang und die Rassen-Razzien begannen, die vom Vichy-Regime in Zusammenarbeit mit den Nazi-Besetzern organisiert wurden. Der Familie Kurzweil wird zunächst mit drei anderen jüdischen Familien als Wohnort Auvillar zugeteilt, einige Kilometer von Montauban entfernt. Dann, am 26. August 1942, werden sie im Zuge einer Razzia im Lager von Septfonds interniert. In der Nacht vom 1. auf den 2. September werden sie in einem Geleitzug nach Drancy überstellt, ein französisches Anhaltelager für Juden. Am 9. September kommen sie in das düstere Konzentrationslager von Auschwitz, wo sie sofort nach ihrer Ankunft ermordet werden.

Einige versiegelte Kabinenkoffer und verschiedene Gegenstände, die den bei der Razzia in Auvillar aufgegriffenen Juden gehörten, werden in einem Magazin im Gemeindeamt eingelagert.

Die Zeit vergeht … fast 50 Jahre später …

Wir befinden uns im Jahr 1990. Auf Initiative von Gérard Gobitz prüft und inventarisiert Pascal Caïla, ein junger Geschichtestudent aus Montauban, der an der Mirail-Universität von Toulouse studiert, die Kabinenkoffer der Familie Kurzweil.

Sie liefern eine wertvolle dokumentarische Sammlung für die Geschichte der Juden und der österreichischen Sozialisten, die nach Frankreich und insbesondere nach Montauban und Tarn-et-Garonne geflüchtet sind.

Danach setzen sich die Treffen im *Musée de la résistance et de la déportation* (Museum des Widerstandes und der Deportation) fort:

Zunächst mit Hanna Papanek, einer bedeutenden Professorin für Anthropologie am Center for European Studies an der Harvard-Universität, die eine historische Arbeit über das Exil der österreichischen und deutschen Nazigegner vorbereitet. Sie hat vom tragischen Schicksal ihrer Freundin Adele Kurzweil erfahren, ihrer Kameradin aus der Gruppe der „Roten Falken" im Auffanglager der O.S.E.

Hanna kommt drei Mal, um mit den Archivdokumenten zu arbeiten, die Pascal Caïla im *Musée de la résistance et de la déportation* in Montauban hinterlegt hat.

Im Lauf ihrer häufigen Europareisen nimmt Hanna Kontakt mit Graz auf. Vor zwei Jahren, anlässlich des internationalen Kolloquiums „Die geheimen Winkel Frankreichs – die Flüchtlinge im Süden Frankreichs 1940", das in Montauban organisiert wurde, haben wir mit Hanna Papanek und Bettina Ramp den Grundstein für einen Austausch Graz-Montauban gelegt. Und so wurden im März 2001 16 Gymnasiasten aus verschiedenen Grazer Gymnasien in Montauban empfangen, begleitet und angeleitet in ihren Recherchen von Bettina Ramp und Heimo Halbrainer.

Diese jungen Menschen zeigten große Feinfühligkeit für die Geschichte der Auswanderer und die (Irr)Wege der Familie Kurzweil. Sie entdeckten zum ersten Mal die Dokumente des *Musée de la résistance et de la déportation*, die die verschiedenen Stationen nachvollziehen: die Besetzung Frankreichs durch die Nazis, die Kollaboration, den Widerstand gegenüber den Besatzern, die Deportation und schließlich das Wiedererlangen der Freiheit und die Wiederkehr der Menschlichkeit durch den Sieg über die Unmenschlichkeit.

Am Lycée Michelet in Montauban wurde eine Gedenktafel für Adele Kurzweil angebracht und der Schulhof nach ihr benannt.

Die Dokumente und Briefe, die die Familie Kurzweil hinterlassen hat, befriedigten ihre historische Neugier und riefen immer wieder starke Betroffenheit hervor.

Im Lycée Michelet (Gymnasium) findet nach dem Empfang beim Direktor ein Erfahrungsaustausch zwischen den französischen und österreichischen SchülerInnen statt. Der Besuch beginnt vor der Gedenktafel an Adele Kurzweil, die im Schulhof an den kurzen Aufenthalt von Adele erinnert.

Monique Lagard und eine ihrer ehemaligen Schülerinnen erzählen von ihren Nachforschungen, die ein pädagogisches Projekt über Adele ins Leben gerufen haben. Dieses Projekt des Gymnasiums hat 1994 einen Preis von der Sorbonne in Paris erhalten.

Die Schwierigkeiten beim Gebrauch der französischen Sprache werden schnell überwunden, da man sich ja kennen lernen und austauschen möchte, und schließlich wurde auch von Bettina und Tino gedolmetscht.

Der Besuch des Flüchtlingshilfswerks von Montauban bringt ein Zusammentreffen mit Flüchtlingen und Asylwerbern aus verschiedenen Ländern: Es geht um eine Annäherung an die Emigration von heute.

Grazer SchülerInnen am Lycée im Gespräch
mit französischen SchülerInnen

Zweifelsohne ein kurzer Aufenthalt, aber mit einem Programm, das reich an Entdeckungen und an Begegnungen war, und das, wie ich glaube, dazu beigetragen hat, die Burschen und Mädchen von Graz und von Montauban einander näher zu bringen. Ich habe diesen Austausch mit großem Vergnügen miterlebt, und ich wünsche mir eine Fortsetzung – nämlich von Montauban nach Graz.

Jacques Latu,
Kustos des Musée de la résistance et de la déportation, September 2001

Robert Hinteregger

Anmerkungen zum Projekt „Flucht und Migation gestern und heute"

Geschichtsforschung und Geschichtsunterricht haben sich lange Zeit hauptsächlich mit großen Ereignissen und historischen Persönlichkeiten befasst und sollten vor allem den Staat, seine Regierung und die dazugehörige Ideologie rechtfertigen, während alltägliche Sorgen, Sehnsüchte, Hoffnungen und Schicksale ausgeklammert blieben. Eine Studie über die österreichische Schulbuchwirklichkeit hält zu Recht fest, dass eine Tendenz der österreichischen Geschichtsbücher in Richtung Kollektivierung und Anonymisierung gehe, so dass die aktiv handelnden Menschen dabei in den vorgefassten Interpretationsraster fallen oder sich bestenfalls als Statisten der „Geschichte" und ihrer großen Individuen wiederfinden.

Erst die jüngere Geschichtsforschung ist durch ein verstärktes Interesse am Leben jener gekennzeichnet, die an den großen politischen Ereignissen nicht direkt Anteil hatten, sondern vielmehr von ihnen Betroffene waren. Diese Umkehr der historischen Perspektive erfordert auch eine Umkrempelung des historischen Quellenmaterials, zu denen nunmehr neben Autobiografien, Sozialreportagen, Fotos oder Privatdokumenten in zeitgeschichtlicher Hinsicht vor allem auch die mündliche Erzählung gehört.

Hand in Hand mit diesem historischen Paradigmenwechsel geht die bevorstehende Einführung der Politischen Bildung als eigenes Fach an der Oberstufe der AHS, dessen Didaktik sich grundsätzlich von einer herkömmlichen Didaktik des Geschichtsunterrichtes unterscheidet, indem sie sich an den realen traditionellen und gegenwärtigen Konflikten ausrichtet, anstatt Konflikte harmoniebedürftig unter den Teppich zu kehren.

Der Lehrplan für dieses neue Fach muss jedenfalls den Grundsatzerlass zur Politischen Bildung als Richtschnur hernehmen: Politische Bildung hat sich daher in einem Dreischritt von der Erkenntnis über das Urteil zum Handeln zu vollziehen, stellt also nicht eine bloße Anhäufung politischen und staatsbürgerlichen Wissens dar. Vielmehr geht es um den Aufbau jener Persönlichkeitsmerkmale, die ein als demokratisch qualifiziertes und einstufbares Sozialverhalten auszeichnen: Soziale Sensibilität, Ich-Stärke, Toleranz, die Fähigkeit zur Solidarisierung oder soziale Lern- und Konfliktfähigkeit.

In methodischer Hinsicht stellt dieses Fach daher eine besondere Herausforderung für die Schule dar, denn gerade in diesem Fach bieten sich vorrangig alternative Unterrichtsmethoden an: Gruppenarbeit, Projektunterricht, Exkursionen, Diskussionen mit außerschulischen Personen, Denken in unterschiedlichen Perspektiven.

Das Projekt passt in vorbildhafter Weise in dieses Konzept eines aktuellen Unterrichtes aus Zeitgeschichte und Politischer Bildung, indem es die Thematik „Flucht und Emigration" an einem konkreten Beispiel in Zusammenarbeit von Wissenschaftern und Schüler/innen plastisch und historisch seriös aufarbeitet, ohne sich jedoch mit einem historisierenden Zugang zu begnügen: Es stellt vielmehr einen Vergleich mit aktuellen migrationspolitischen Konzepten an, um Differenzen und Gemeinsamkeiten herauszufinden: Die Aufgabe des Historikers besteht in der Tat weder darin, die Vergangenheit zu glorifizieren noch sich mit ihr zu identifizieren, sondern vielmehr darin, sie als Schlüssel zum Verständnis der Gegenwart zu bewältigen und zu verstehen.

Bestimmt könnten derartige Projekte dazu beitragen, ein Defizit des Zeitgeschichteunterrichtes an unseren Schulen zu beheben, das darin besteht, dass es trotz aller methodisch-didaktischen Fortschritte noch immer nicht ausreichend geglückt ist, die Zeitgeschichte für die eigene Lebenswelt des Schülers zu aktualisieren, Haltungen und dauerhafte Einstellungen zu erzeugen. Annette Kuhn hat längst darauf hingewiesen, dass das erfragte Geschichtsbild unserer Schüler/innen charakterisiert sei durch unhinterfragte Klischees, die insgesamt dafür sorgen, dass es zu einer Wertdiffusion kommt und zu einer historisch-politischen Desorientierung, mit deren Unterstützung tradierte Vorurteile, eingeübte Abwehrmechanismen und schiefe Geschichtsbilder weiterhin tradiert werden.

Resümierend ist Peter Malina zuzustimmen, der in der informativen Zeitschrift „Zeitgeschichte" anführt, gerade bei der unterrichtlichen Vermittlung des Phänomens „Faschismus" gehe es nicht um einen distanziert anzubietenden beliebigen Geschichtsstoff, sondern vielmehr um einen diskursiven Bereich unserer Zeitgeschichte, der Herausforderung, Engagement und Auseinandersetzung enthalte.

Gerade dieses Beispiel demonstriert, dass Geschichte eben mehr ist als ein bloßes Schulfach, dass sie vielmehr mit der konkreten vergangenen und gegenwärtigen Lebenswelt unserer Schülerinnen und Schüler zu tun hat.

Das Projekt schließlich stellt eine unkonventionelle und engagierte Form der Vermittlung von Zeitgeschichte dar, die geeignet ist, Betroffenheit zu erzeugen und den Einzelnen gegen undemokratische Entwicklungstendenzen in der Gesellschaft zu sensibilisieren und ihn zu befähigen, dagegen aktiv Widerstand zu leisten.

Liebe Leserin, lieber Leser!

Die vorliegende Publikation ist das Endprodukt einer einjährigen Projektarbeit mit 16 Grazer Jugendlichen. Angefangen hat alles mit Kofferfunden 1990 auf der Polizeistation in Auvillar nahe Montauban in Südfrankreich. Wie sich später herausstellte, gehörten diese Koffer einer Grazer Familie namens Kurzweil. Bruno und Gisela Kurzweil waren gemeinsam mit ihrer Tochter Adele 1938 aus Graz geflohen und verbrachten die folgenden Jahre in Paris und Montauban, wo sie 1942 verhaftet, in das KZ Auschwitz deportiert und ermordet wurden.

Den Kofferfund in Auvillar nahm eine Schulklasse in Montauban zum Anlass, um die Lebensgeschichte der Adele Kurzweil zu erforschen. Die Lehrerin für Geschichte am Lycée Michelet, das Adele Kurzweil zwischen 1940 und 1942 besucht hatte, entschied sich 1994, die Geschichte der Adele Kurzweil als Teil ihres Projektunterrichtes über den Holocaust und die Verfolgung von Minderheiten zu nehmen. Die Klasse gestaltete dazu eine Ausstellung und sie benannten einen Schulhof nach Adele Kurzweil. Für dieses Projekt erhielten die SchülerInnen den „Prix Corrin" der Sorbonne. Von französischer Seite bestand dann großes Interesse, einen SchülerInnenaustausch mit Graz zustande zu bringen. Dieser Wunsch stieß in Graz sehr lange auf taube Ohren, bis schließlich über viele Umwege diese Projektidee an Heimo Halbrainer herangetragen und gemeinsam mit Christian Ehetreiber ein Projektkonzept entwickelt wurde.

Gruppenfoto der SchülerInnen aus Graz vor dem Rathaus in Montauban mit Jacques Latu und dem Vizebürgermeister

Einen wichtigen Beitrag für das Zustandekommen des Projektes leistete auch Frau Univ.-Prof. Dr. Hanna Papanek vom Centre for European Studies an der Harvard University. Sie war selbst als Kind mit ihrer Familie vor den Nationalsozialisten nach Frankreich geflohen, wo sie Adele Kurzweil in den Kinderheimen von Montmoncery kennen gelernt hat. Hanna Papanek überlebte durch eine Flucht in die USA den Holocaust. Sie blieb von Amerika aus auch nach dem Zweiten Weltkrieg immer in Kontakt mit VertreterInnen der Stadt Montauban und stellte den ersten Kontakt zwischen uns und den Vertretern der Stadt Montauban her.

Zentraler Projektpartner in Frankreich war die französische Organisation ARKHEIA. Diese Organisation arbeitet mit Erwachsenen, aber auch mit Jugendlichen über die Themen Widerstand und Verfolgung während des Zweiten Weltkriegs. Von der Association ARKHEIA wird auch das „Musée de la résistance et de la déportation" betreut. In diesem Museum und im dazugehörenden Archiv werden alle noch erhaltenen Dokumente zu diesen Themen aufbewahrt und systematisch aufbereitet. Unsere Kontaktpersonen waren Pascal Caïla und Jaques Latu. Bei ihnen möchten wir uns für die großartige Unterstützung unserer Arbeit sehr herzlich bedanken, denn sie stellten uns alle noch vorhandenen Materialien über die Familie Kurzweil zur Verfügung.

Besuch im Innenministerium bei Bundesminister Dr. Ernst Strasser am 12. Februar 2001

Wir begannen mit unserer Projektarbeit im Oktober 2000. Zuerst sichteten wir die vorhandenen Materialien zu unserem Thema „Flucht und Migration während der NS-Zeit im Vergleich mit der aktuellen Situation" in den Grazer Bibliotheken. Für weitere Recherchearbeiten fuhren wir nach

Wien in das Dokumentationsarchiv des österreichischen Widerstandes und in das Archiv des Vereins für die Geschichte der Arbeiterbewegung. Parallel dazu erfolgten auch die Arbeiten für den aktuellen Teil unseres Themas. Dazu interviewten wir VertreterInnen von Flüchtlingsbetreuungseinrichtungen und den österreichischen Innenminister Dr. Ernst Strasser. Anfang März 2001 fuhren wir mit der gesamten Gruppe nach Montauban. Wir bearbeiteten die vorhandenen Materialien im „Musée de la résistance et de la déportation“, besuchten das ehemalige Internierungslager Camp de Septfonds und interviewten eine überlebende Zeitzeugin. Nach der Rückkehr nach Graz arbeiteten die Jugendlichen an den einzelnen Beiträgen für die vorliegende Broschüre.

Grazer SchülerInnen im Museum in Montauban

Die Aktivitäten der Grazer Jugendlichen waren auch dafür ausschlaggebend, dass ab Herbst 2001 in Montauban wieder Jugendliche über diese Themen forschen werden und im Frühjahr 2002 auch nach Graz kommen.

Abschließend möchten wir uns in erster Linie bei allen beteiligten Jugendlichen für ihr Engagement und ihr Durchhaltevermögen bedanken, aber auch bei den LehrerInnen und DirektorInnen der sechs Partnerschulen für die unkomplizierte Kooperation. Weiters gebührt HR Dr. Robert Hinteregger vom Landesschulrat für die Steiermark ein großer Dank.

Bettina Ramp
ARGE Jugend gegen Gewalt und Rassismus

Die Familie Kurzweil – Biographie und Erinnerungen

Gisela, Mary Robinson, Adele und Bruno
im Garten der Familie Kurzweil, Juni 1929

Heimo Halbrainer

Graz-Paris-Montauban-Auschwitz. Stationen eines kurzen Lebens.

Biographische Skizzen zur Familie Bruno, Gisela und Adele Kurzweil

Am 13. Jänner 1891 wurde Bruno Kurzweil in Josefstadt (Böhmen) als Sohn des k.u.k. Stabsarztes Dr. Leo Kurzweil und seiner Frau Adele geboren.[1] Bruno Kurzweil hatte noch drei weitere Geschwister, Otto, Adalbert, der seinem Vater folgte und Arzt wurde, und Frieda, die 1910 den Wiener Geschäftsmann Ernst Kraus heiratete.[2]

Die Familie Kurzweil war noch vor der Jahrhundertwende nach Graz zugezogen. Sie war jüdisch, doch nicht religiös. Bruno Kurzweil selbst trat am 22. September 1912 im Alter von 21 Jahren aus der Kultusgemeinde aus und ließ sich katholisch auf den Namen Bruno Franz Paul taufen. Zehn Jahre später trat er auch aus der katholischen Kirche aus.

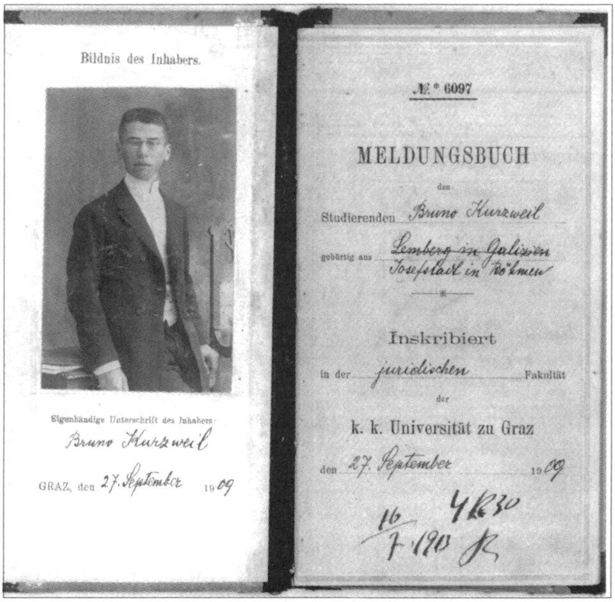
Bildnis des Inhabers.
Eigenhändige Unterschrift des Inhabers:
Bruno Kurzweil
GRAZ, den 27. September 1909

№ * 6097
MELDUNGSBUCH
des
Studierenden Bruno Kurzweil
gebürtig aus Lemberg in Galizien Josefstadt in Böhmen
Inskribiert
in der juridischen Fakultät
der
k. k. Universität zu Graz
den 27. September 1909

Zwischen 1909 und 1914 studierte Bruno Kurzweil an der Universität Graz.

Bruno Kurzweil legte am k.u.k. I. Staatsgymnasium – dem heutigen Akademischen Gymnasium – im Sommer 1909 die Reifeprüfung ab und studierte ab dem Wintersemester 1909/1910 an der juridischen Fakultät der Karl-Franzens-Universität Graz. Dort lehrten zu diesem Zeitpunkt einige prominente Persönlichkeiten, bei denen auch Bruno Kurzweil studierte; so etwa beim Doyen der Fakultät Professor Gustav Hanausek, beim Nationalökonomen Joseph Schumpeter, der 1919 kurzzeitig Finanzminister sein sollte oder beim späteren Landeshauptmann Anton Rintelen.[3] Am 6. Mai 1914 promovierte Bruno Kurzweil zum Doktor der Rechte.[4]

Bereits während seiner Studentenzeit war Bruno Kurzweil innerhalb sozialdemokratischer Organisationen tätig. In einer von Muriel Morris Buttinger verfassten Kurzbiographie für einen Visaantrag für Bruno Kurzweil für die USA heißt es dazu 1942: „*Already as a student he was active in the democratic movement at the Austrian universities, which was opposed to the nationalistic and pan-germanistic spirit that prevailed at these institutions. During the war of 1914-1918 he joined the Austrian Social-Democratic party, thus expressing his opposition to the war policies of the old monarchy and its alliance with German imperialism.*“[5]

Ausflug der Familien Kurzweil und Robinson im Frühjahr 1928

Unmittelbar nach Beendigung seines Studiums begann Bruno Kurzweil beim Anwalt der steirischen Sozialdemokratischen Partei, Dr. Arnold Eisler[6], als Rechtsanwaltskonzipient. Arnold Eisler gehörte in der Übergangsphase von der Monarchie zur Republik, aber auch in den darauffolgenden Jahren zu den führenden Persönlichkeiten in der Steiermark. So war der seit 1917 als sozialdemokratischer Gemeinderat der Stadt Graz tätige Eisler 1918 der Vertreter der Sozialdemokratie in der steiermärkischen Übergangsregierung, dem so genannten „Wohlfahrtsausschuss“. In der Folge gehörte er zwischen 1918 und 1920 auch als Abgeordneter dem Steiermärkischen Landtag an. Daneben war er ab 1919 Unterstaatssekretär für Justiz in der Regierung Renner und danach bis 1934 Abgeordneter des Nationalrates und Mitglied des Verfassungsgerichtshofes in Wien.

Nach Beendigung der Konzipientenzeit trat Bruno Kurzweil in die Kanzlei Eisler ein, wobei – durch die häufige Abwesenheit Eislers bedingt – Bruno Kurzweil immer mehr die Aufgaben als Parteianwalt übernahm. Daneben wirkte er noch innerhalb der Mietervereinigung, eine der größten sozialdemokratischen Vereinigungen in der Zwischenkriegszeit, als Rechtsanwalt.[7] Obwohl Arnold Eisler 1925 das Grazer Büro aufgab und nach Wien übersiedelte, bestritten er und Bruno Kurzweil noch eine Reihe großer Verfahren gemeinsam für die Sozialdemokratie bzw. für Mitglieder der Sozialdemokratischen Partei. Einige der Prozesse sollten Bruno Kurzweil und Arnold Eisler auch über die Grenzen der Steiermark hinaus und – leider auch – bei den Nationalsozialisten berühmt machen.

Der „steirische Napoleon“ Walter Pfrimer

So erstattete Bruno Kurzweil etwa am 31. Oktober 1927 im Auftrag der Sozialdemokratischen Partei und in seinem Namen eine Anzeige gegen den Judenburger Rechtsanwalt und Landesleiter des Steirischen Heimatschutzes Dr. Walter Pfrimer, in der er Pfrimer des Hochverrates, der Erpressung, des Missbrauches der Amtsgewalt, der öffentlichen Gewalttätigkeit und der gefährlichen Drohung bezichtigte. Kurzweil behauptete in der Anzeige, Pfrimer habe in einer Sitzung, die anlässlich des Streiks und der Unruhen am 15. Juli 1927 im Landhaus in Graz stattfand, erklärt, für den Fall, dass der Eisenbahnverkehr nicht sofort wieder aufgenommen werde, mit dem bewaffneten Heimatschutz durch das Industriegebiet auf den Semmering zu marschieren, um die Aufnahme des Verkehrs zu erzwingen. Das Verfahren wurde ebenso eingestellt wie jenes, das im Vorfeld dieser Anzeige gegen den Landtagsabgeordneten und Schutzbundkommandanten von Bruck/Mur Koloman Wallisch, der der Urheber des Verkehrsstreiks war und in Bruck/Mur das Standrecht verhängt hatte, eingebracht worden war.[8]

Reißt Hitler die Maske herunter!

Die betrügen die Arbeiter!

Hitler ist für den Kapitalismus,
der Wiener Naziführer Frauenfeld ist ein Freund der Juden.
Thyssen, der größte deutsche Ausbeuter und Unternehmer, jubelt „Heil Hitler!"

Die „Junge Front" ruft zum Sturm gegen den Faschismus

Donnerstag, den 2. Juni 1932, um 8 Uhr abends
Gasthaus „Prinz Koburg", Zinzendorfgasse

Kampfversammlung

der „Jungen Front" gegen den Hitlerbetrug

für die Befreiung der Arbeiter aus Wirtschaftsnot und Arbeitslosigkeit,
für die Verwirklichung des Sozialismus.

Ihr alle, Arbeiter, Angestellte, Arbeitslose, Ausgesteuerte, ihr Jungen ohne Geld und Hoffnung, ihr alle kommt in die Versammlung!

Werden die Nazi den Mut haben und auch kommen???

Flugblatt der sozialistischen Jungfront

Nicht eingestellt wurde der Prozess gegen den führenden Funktionär der sozialistischen Jungfront Otto Fischer, der des Mordes am SA-Mann Josef

Kristandl beschuldigt wurde. In dem sich immer stärker radikalisierenden Klima zu Beginn der 30er Jahre kam es immer öfter zu tätlichen Auseinandersetzungen zwischen Mitgliedern der politischen Lager.[9] So auch in der Nacht des 3. März 1933, als Mitglieder der sozialistischen Jungfront NS-Plakate gegenüber einer SA-Kaserne abrissen. Die daraufhin einsetzende Verfolgung durch einen SA-Sturm stoppte Otto Fischer mit der Abgabe von Schüssen, wobei er Kristandl in den Oberschenkel traf und dieser im Stürzen eine zweite tödliche Kugel in die Brust bekam. Im Prozess gegen Otto Fischer traten Eisler und Kurzweil als Fischers Anwälte auf. Sie verwehrten sich, diesen Zusammenstoß als Straßenrauferei zu behandeln und erklärten, dies sei ein politisch motivierter Überfall der SA gewesen und deshalb sei der Prozess ein politischer. Otto Fischer wurde wegen Vergehens gegen die körperliche Sicherheit im Sinne der Notwehrüberschreitung zu fünf Monaten schweren Arrests verurteilt, wobei der Vollzug der Strafe auf drei Jahre bedingt aufgehoben wurde. Gegen dieses Urteil protestierten einerseits die Nationalsozialisten, denen es viel zu niedrig schien, und andererseits die Staatsanwaltschaft, die Berufung einlegte. Bruno Kurzweil bat in der Folge den Landeshauptmannstellvertreter Reinhold Machold um Intervention, die aber ergebnislos blieb.[10]

Auch in den Folgemonaten vertrat Kurzweil immer wieder als Anwalt angeklagte Angehörige der Jungfront, die im Zusammenhang mit Demonstrationen gegen die Heimwehr bzw. die Regierung Dollfuß vor Gericht standen. Als am 12. Februar 1934 die „Februarkämpfe" begannen, in deren Folge auch die Sozialdemokratische Partei verboten wurde, wurde auch Bruno Kurzweil verhaftet. Dies erfolgte nicht etwa deshalb, weil Bruno Kurzweil eine Beteiligung am Aufstand hätte nachgesagt werden können, sondern weil er als Anwalt der Sozialdemokratischen Partei, wie andere Anwälte der Sozialdemokratie auch, vorsorglich in Haft gesetzt wurde.[11] Mit dieser Inhaftierung sollte verhindert werden, dass sich die vor dem Standgericht angeklagten Sozialdemokraten und Mitglieder des Republikanischen Schutzbundes politisch verteidigen hätten können.

Bruno Kurzweil war weder vor noch nach den Februarkämpfen irgendwie politisch aufgefallen, er dürfte – nach heutigem Wissensstand – auch keine politische Funktion innerhalb der Sozialdemokratie inne gehabt haben. Hingegen hatte er auch weiterhin – also auch während der Zeit der Illegalität der Sozialdemokratischen Partei – die juristische Vertretung von wegen illegaler Tätigkeit angeklagten Mitgliedern der „Revolutionären Sozialisten", aber auch von Kommunisten übernommen.[12]

Im Alter von 31 Jahren heiratete Bruno Kurzweil am 28. November 1922 die ebenfalls aus Böhmen stammende Gisela Trammer (geb. 25. Februar

1900 in Oderberg). Am 31. Jänner 1925 wurde ihr einziges Kind, Adele, geboren. Am 11. Juni 1926 trat Gisela Kurzweil mit ihrer Tochter Adele gemeinsam aus der Israelitischen Kultusgemeinde aus. Damit gehörten sie zu der immer größeren Zahl von Israeliten in Graz, die sich assimiliert hatten, d.h. für die die jüdische Herkunft zur Nebensächlichkeit geworden war und die deshalb in letzter Konsequenz und zum Teil aus Karrieregründen aus der Kultusgemeinde austraten.[13] Im Jahr 1938 sollte dies letztlich egal sein, denn für die Nationalsozialisten galt die Familie Kurzweil als jüdisch. Die Kurzweils sollten deshalb von den Nazis verfolgt, außer Landes getrieben, schließlich im Exilland Frankreich verhaftet und nach Auschwitz deportiert und ermordet werden.

Bruno Kurzweil 1936

Nach der Heirat wohnte die Familie in der Kirchengasse 15 (heute: Schröttergasse 7). Im gleichen Haus wohnte auch der große steirische Architekt Herbert Eichholzer, der 1938 ebenfalls nach Paris emigrieren sollte.[14] Daneben besaß die Familie in der Strauchergasse gemeinsam mit Mitgliedern der Familie von Moritz Robinson, der Chefredakteur der Sozialdemokratischen Zeitung „Arbeiterwille“ war, eine Bauparzelle, die sie als Garten nutzten. Mehrere Fotos aus den Jahren 1928/29 zeigen die Familie Kurzweil mit Kindern anderer sozialdemokratischer Familien aus der Nachbarschaft auf diesem Gartengrundstück. Auch Hans Kern, der damals in der Annenstraße 30, im so genannten Klementschitz-Haus, wohnte, erinnert sich an das „Kinderparadies“, das der zur Strauchergasse hinausgehende Klementschitzgarten mit dem Grundstück der Kurzweils und Robinsons bildete. „Klementschitz ließ für uns Kinder eine Fuhre Sand kommen und vom Klementschitzgeschäft her hatten wir Kisten, aus denen wir ein Haus bauen konnten. Wir haben das Amerika genannt. Zu den

Kindern, die hier gespielt haben, gehörten auch die Dele oder unsere gemeinsame Freundin Maria Robinson. Auch Franz Preminger, der 1938 nach England emigriert ist, hat hier gewohnt. Nach dem Februar 1934 ist dann der Garten umgegraben worden, weil sie Waffen des Schutzbundes hier vermutet haben."[15]

Bruno Kurzweil am Steuer seines Wagens, am Trittbrett Gisela und Adele Kurzweil, als Beifahrer Familie Robinson. Graz 1928

Mary Robinson und Adele Kurzweil, Juni 1929

Die Familie Kurzweil kann als eine durchaus wohlhabende Familie bezeichnet werden, die selbst in den Krisenjahren der Ersten Republik einen gehobenen Lebensstandard aufrecht hielt. Denn während allgemein für diese Jahre das Bild des Arbeitsuchenden steht, der eine Tafel um den Hals trägt, auf der die Aufschrift „Habe Hunger. Suche Arbeit. Mache alles" zu lesen ist, sind die einzigen Fotos und Postkarten der Kurzweil aus den Jahren zwischen 1929 und 1933 solche, die Bruno Kurzweil als stolzen Autobesitzer oder die Familie auf Urlaub in Lussin, Barcelona, Malta, Korfu und Cetinje zeigen. Dieses von der überwiegenden Mehrheit der Bevölkerung – und erst recht von seinen Parteigenossen – abweichende Bild mag den Grund auch darin haben, dass Bruno Kurzweil neben seiner Tätigkeit als Anwalt der Sozialdemokratischen Partei mit der „Freien Gewerkschaft" in der Steiermark und der Grazer Stadtverwaltung[16] noch zwei andere große Klienten – und daher viel Arbeit – hatte.

Die Familie Kurzweil auf Urlaub in Lussin (Lošinj) 1933

Über Adele Kurweils Kindheit in Graz ist nur wenig bekannt. Sie besuchte die Mädchenvolksschule am Graben und danach bis zum Sommer 1938 das Franz Ferdinand Oberlyzeum in der Sackstraße im heutigen Stadtmuseum. Sie konnte, entgegen der oft aufgestellten Behauptung, sofort nach dem „Anschluss" sei es zur Vertreibung der jüdischen SchülerInnen von den Gymnasien gekommen[17], das Schuljahr noch beenden. Erst am 12. Juli 1938 wurde per Verordnung jüdischen Kindern die Teilnahme am öffentlichen Unterricht ab dem Schuljahr 1938/39 untersagt.[18] Adele Kurzweil und ihre Eltern waren zu diesem Zeitpunkt jedoch nicht mehr in Graz, denn auf Grund der Tatsache, dass sie für die Nationalsozialisten als Juden galten und ihnen die wirtschaftliche Existenzgrundlage mit dem Ausschluss des Vaters aus der Rechtsanwaltskammer am 11. Juni 1938 entzogen worden war, hatten sie sich bereits sehr früh um die Möglichkeit einer Ausreise aus dem Deutschen Reich bemüht.

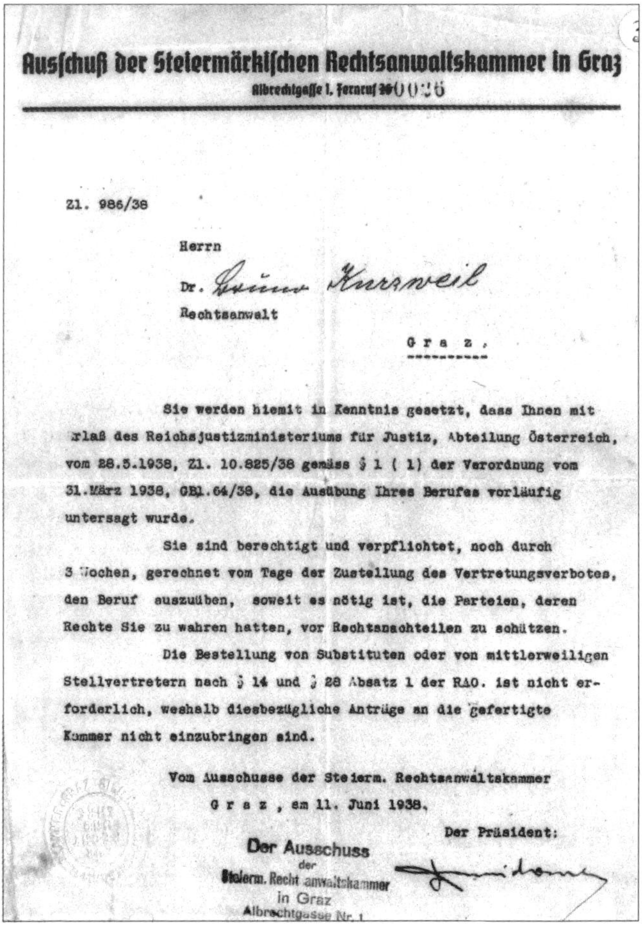

Ausschuß der Steiermärkischen Rechtsanwaltskammer in Graz
Albrechtgasse 1, Fernruf 26006

Zl. 986/38

Herrn
Dr. Bruno Kurzweil
Rechtsanwalt

G r a z .

Sie werden hiemit in Kenntnis gesetzt, dass Ihnen mit Erlaß des Reichsjustizministeriums für Justiz, Abteilung Österreich, vom 28.5.1938, Zl. 10.825/38 gemäss § 1 (1) der Verordnung vom 31.März 1938, GBl.64/38, die Ausübung Ihres Berufes vorläufig untersagt wurde.

Sie sind berechtigt und verpflichtet, noch durch 3 Wochen, gerechnet vom Tage der Zustellung des Vertretungsverbotes, den Beruf auszuüben, soweit es nötig ist, die Parteien, deren Rechte Sie zu wahren hatten, vor Rechtsnachteilen zu schützen.

Die Bestellung von Substituten oder von mittlerweiligen Stellvertretern nach § 14 und § 28 Absatz 1 der RAO. ist nicht erforderlich, weshalb diesbezügliche Anträge an die gefertigte Kammer nicht einzubringen sind.

Vom Ausschusse der Steierm. Rechtsanwaltskammer
G r a z , am 11. Juni 1938.

Der Präsident:

Der Ausschuss
der
Steierm. Rechtsanwaltskammer
in Graz
Albrechtgasse Nr. 1

Über Verordnung vom 31. März 1938 wurde Bruno Kurzweil Berufsverbot erteilt.

Es ist nicht bekannt, wie Adele auf diese neue Situation reagiert hatte. Anzunehmen ist allerdings, dass es für sie doppelt schwer gewesen sein muss, als das beschützte und behütete Leben zusammenbrach und sie plötzlich als Außenseiterin angesehen wurde. Sie hatte bislang keinen Bezug zum Judentum gehabt und sah sich nun als Jüdin ausgegrenzt. Dass es an der Schule aber nicht zu antisemitischen Übergriffen gekommen sein dürfte und ihre Mitschülerinnen und auch die Lehrerin ihr beistanden, davon zeugen deren Eintragungen in Adeles Stammbuch aus den Monaten Mai und Juni 1938.

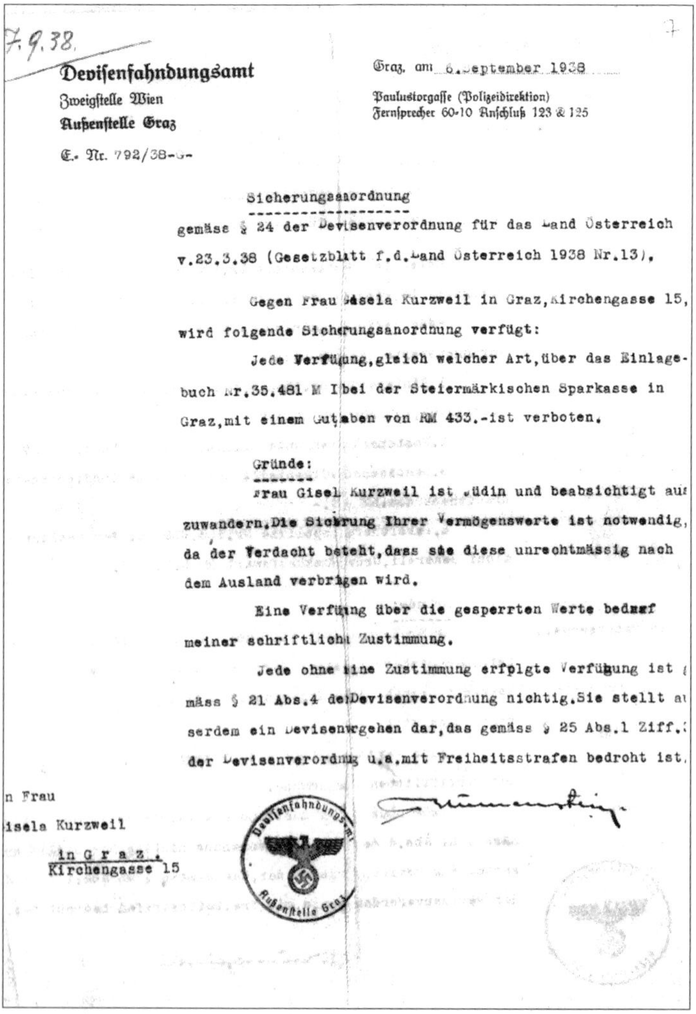

7.9.38.

Devisenfahndungsamt
Zweigstelle Wien
Außenstelle Graz

E.-Nr. 792/38-G-

Graz, am 6. September 1938
Paulustorgasse (Polizeidirektion)
Fernsprecher 60-10 Anschluß 123 & 125

Sicherungsanordnung

gemäss § 24 der Devisenverordnung für das Land Österreich v.23.3.38 (Gesetzblatt f.d.Land Österreich 1938 Nr.13).

Gegen Frau Gisela Kurzweil in Graz, Kirchengasse 15, wird folgende Sicherungsanordnung verfügt:

Jede Verfügung, gleich welcher Art, über das Einlagebuch Nr.35.481 M I bei der Steiermärkischen Sparkasse in Graz, mit einem Guthaben von RM 433.-ist verboten.

Gründe:

Frau Gisela Kurzweil ist Jüdin und beabsichtigt auszuwandern. Die Sicherung Ihrer Vermögenswerte ist notwendig, da der Verdacht besteht, dass sie diese unrechtmässig nach dem Ausland verbringen wird.

Eine Verfügung über die gesperrten Werte bedarf meiner schriftlichen Zustimmung.

Jede ohne meine Zustimmung erfolgte Verfügung ist gemäss § 21 Abs.4 der Devisenverordnung nichtig. Sie stellt ausserdem ein Devisenvergehen dar, das gemäss § 25 Abs.1 Ziff.: der Devisenverordnung u.a. mit Freiheitsstrafen bedroht ist.

An Frau
Gisela Kurzweil
in Graz,
Kirchengasse 15

Devisenfahndungsamt Außenstelle Graz

Die Bankkonten der Familie Kurzweil wurden gesperrt.

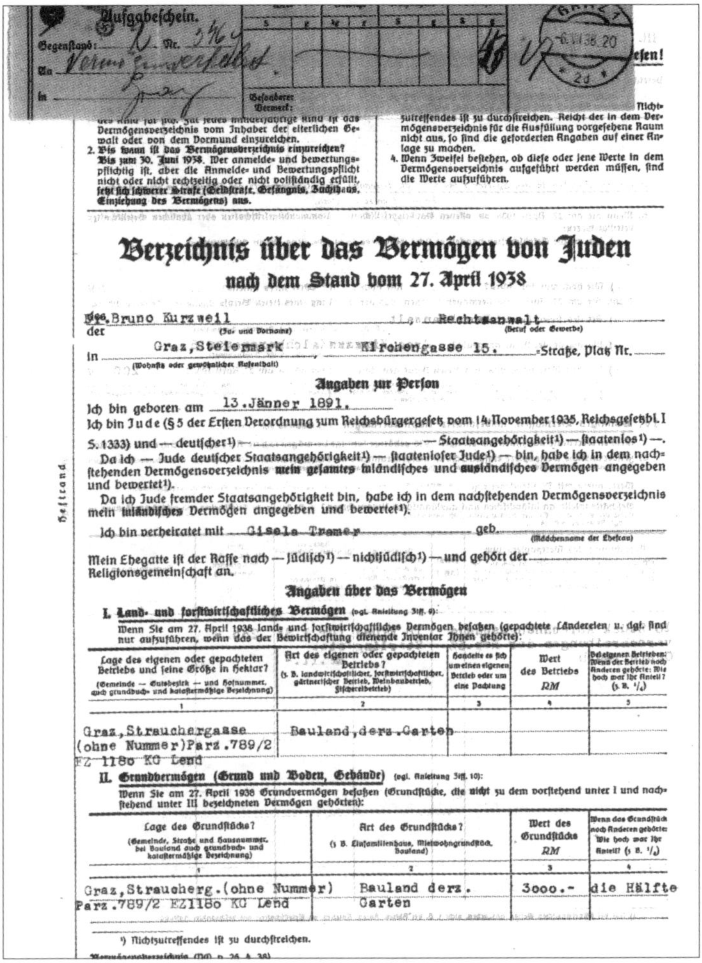

Aufgabeschein.

Gegenstand: Nr.

An

in

Besonderer Vermerk:

Verzeichnis über das Vermögen von Juden

nach dem Stand vom 27. April 1938

Dr. Bruno Kurzweil — Rechtsanwalt
des (Vor- und Zuname) (Beruf oder Gewerbe)

in Graz, Steiermark — Kirchengasse 15. Straße, Platz Nr.
(Wohnsitz oder gewöhnlicher Aufenthalt)

Angaben zur Person

Ich bin geboren am 13. Jänner 1891.
Ich bin Jude (§ 5 der Ersten Verordnung zum Reichsbürgergesetz vom 14. November 1935, Reichsgesetzbl. I S. 1333) und — deutscher¹) — Staatsangehörigkeit¹) — staatenlos¹) —.
Da ich — Jude deutscher Staatsangehörigkeit¹) — staatenloser Jude¹) — bin, habe ich in dem nachstehenden Vermögensverzeichnis mein gesamtes inländisches und ausländisches Vermögen angegeben und bewertet¹).
Da ich Jude fremder Staatsangehörigkeit bin, habe ich in dem nachstehenden Vermögensverzeichnis mein inländisches Vermögen angegeben und bewertet¹).

Ich bin verheiratet mit Gisela Tramer geb.
(Mädchenname der Ehefrau)

Mein Ehegatte ist der Rasse nach — jüdisch¹) — nichtjüdisch¹) — und gehört der Religionsgemeinschaft an.

Angaben über das Vermögen

I. Land- und forstwirtschaftliches Vermögen (vgl. Anleitung Ziff. 9):
Wenn Sie am 27. April 1938 land- und forstwirtschaftliches Vermögen besaßen (gepachtete Ländereien u. dgl. sind nur aufzuführen, wenn das der Bewirtschaftung dienende Inventar Ihnen gehörte):

Lage des eigenen oder gepachteten Betriebs und seine Größe in Hektar? (Gemeinde — Gutsbezirk — und Hofnummer, auch grundbuch- und katastermäßige Bezeichnung)	Art des eigenen oder gepachteten Betriebs? (z. B. landwirtschaftlicher, forstwirtschaftlicher, gärtnerischer Betrieb, Weinbaubetrieb, Fischereibetrieb)	Handelt es sich um einen eigenen Betrieb oder um eine Pachtung	Wert des Betriebs RM	Bei eigenen Betrieben: Wenn der Betrieb noch Anderen gehörte: Wie hoch war Ihr Anteil? (z. B. ½)
1	2	3	4	5
Graz, Strauchergasse (ohne Nummer) Parz. 789/2 EZ 1180 KG Lend	Bauland, derz. Garten			

II. Grundvermögen (Grund und Boden, Gebäude) (vgl. Anleitung Ziff. 10):
Wenn Sie am 27. April 1938 Grundvermögen besaßen (Grundstücke, die nicht zu dem vorstehend unter I und nachstehend unter III bezeichneten Vermögen gehörten):

Lage des Grundstücks? (Gemeinde, Straße und Hausnummer, bei Bauland auch grundbuch- und katastermäßige Bezeichnung)	Art des Grundstücks? (z. B. Einfamilienhaus, Mietwohngrundstück, Bauland)	Wert des Grundstücks RM	Wenn das Grundstück noch Anderen gehörte: Wie hoch war Ihr Anteil? (z. B. ½)
1	2	3	4
Graz, Strauchergasse (ohne Nummer) Parz. 789/2 EZ 1180 KG Lend	Bauland derz. Garten	3000.-	die Hälfte

¹) Nichtzutreffendes ist zu durchstreichen.

Zur Vorbereitung für die „Arisierung" jüdischen Vermögens wurde der Stand des Vermögens im April 1938 erhoben.

Nachdem Bruno Kurzweil am 11. Juni 1938 ein Schreiben der Steiermärkischen Rechtsanwaltskammer erhalten hatte, worin ihm mitgeteilt wurde, dass ihm „die Ausübung (seines) Berufes vorläufig untersagt werde", er allerdings noch drei Wochen lang verpflichtet sei, die Rechte der von ihm vertretenen Parteien „vor Rechtsnachteilen zu schützen", dürfte für ihn klar gewesen sein, dass der Zeitpunkt gekommen war, das Land so rasch wie möglich zu verlassen. Dies umso mehr, als bei ihm neben der Tatsache, dass er nun als Jude Berufsverbot hatte, auch noch seine frühere juristische Tätigkeit für die Sozialdemokratie – u.a. auch gegen die Nationalsozialisten – eine Rolle gespielt haben dürfte.

Bruno Kurzweil hatte sich vorerst im Juni 1938 mit dem Gedanken der Ausreise nach Australien getragen, sich aber letztlich doch für Frankreich entschieden, wo zu diesem Zeitpunkt bereits die gesamte Führung der österreichischen Sozialdemokratie versammelt war.

In der Folge ging alles recht rasch; am 6. Juli 1938 unterfertigte er das „Verzeichnis über das Vermögen von Juden nach dem Stand vom 27. April 1938", wonach er neben der Bauparzelle in der Strauchergasse noch Wertpapiere, Spareinlagen und Versicherungspolizzen anführte. Anfang August 1938 suchte er beim französischen Generalkonsulat in Wien um ein Einreisevisum für sich und seine Familie an, am 24. September erhielt die Familie Pässe, worin zwei Tage später vom Finanzamt Graz bestätigt wurde, dass die Familie keine finanziellen Ansprüche mehr habe.

JOURNAL ANTIHITLERIEN

Erscheint vierzehntäglich — Prix : 4 Francs — Paraît tous les 15 Jours

DER SOZIALISTISCHE KAMPF

LA LUTTE SOCIALISTE

Begründet von OTTO BAUER

Nº 18

Redaktion und Verwaltung : PARIS-IX, 20, AVENUE TRUDAINE
Téléphone : TRUdaine 59-36
Chèques Postaux : Frankreich : Jean Herrmann, Paris C. 1760-93.
Bezugsbedingungen : 1 Jahr 95 francs, ½ Jahr 50 francs, ¼ Jahr 25 francs

9. September 1939

INHALT

Höret die Wahrheit! Ein Aufruf der österreichischen Sozialisten an das deutsche und österreichische Volk

Eine Erklärung der österreichischen Sozialisten

Austriacus: Bei Kriegsausbruch

Gustav Richter: Die sozialistische Emigration und der Krieg

Georg Wieser: Die Schuld des Ballhausplatzes

Hans Schmidt: Tiere bewachen Menschen

Hoeret die Wahrheit!

Ein Aufruf der œsterreichischen Sozialisten an das deutsche und œsterreichische Volk

In diesen ersten Schreckenstagen, da so viele Vorstellungen, Pläne, Hoffnungen zusammenbrechen, da alles, was den Menschen normal schien, bedeutungslos wird neben dem Schicksal, das jetzt über sie hereinbricht; da Millionenmassen ihre Ohnmacht empfinden, die in diesen Tagen der grossen Gewissenserforschung nicht mehr Zeit noch Freiheit haben, sich zu fragen, ob und wie sie das blutige Morden, diese Abdankung der menschlichen Intelligenz zugunsten der potenziertesten Barbarei hätten verhindern können; in diesen Tagen würden wir österreichische Sozialisten, wenn wir einen Radiosender hätten, den die deutschen Massen hören könnten — und den viele trotz der Todesstrafe, die in Deutschland darauf steht, klopfenden Herzens anhörten, weil sie auf die einzige Stimme warten, die ihnen noch etwas zu sagen hat in dem Augenblick, da aus den Naziphrasen zerfleischte Menschenleiber geworden sind — zu ihnen in folgender Weise sprechen:

ARBEITER, BAUERN UND BUERGER! SOZIALISTEN!

In den ersten Stunden einer furchtbaren Katastrophe für uns alle, wenden wir Revolutionären Sozialisten Oesterreichs uns an Euch, um einiges von dem klar auszusprechen, was auf deutschem Boden seit Jahren nicht mehr hat gesagt werden können.

Der nationale Taumel, von Deutschland aus die Welt verpestend, hat sein Endziel erreicht: den Krieg mit allen seinen Schrecken!

Wir haben gewarnt, wir sind für unsere Ueberzeugung ins Gefängnis gegangen, viele von uns mussten ins Ausland fliehen, viele deutsche Sozialisten gaben ihr Leben hin, andere schmachten in den Kerkern. Aber wir alle, die, die gewarnt haben und diejenigen, die sich nicht warnen liessen, sind gleicherweise Opfer der Katastrophe, und jetzt, da Ihr das letzte Resultat einer Politik vor Euch habt, die nur wir Sozialisten verurteilt und ernst bekämpft haben, jetzt, da alle leichtsinnigen Vorstellungen an der grausigen Wirklichkeit zerschellen, da für die Front und für das Hinterland das Massenmorden begonnen hat, da sich gerade die Zentren der menschlichen Kultur in schaurigste Brutstätten der Bestialität verwandeln, — jetzt hoffen wir wenigstens, bei Euch allen

ein offenes Ohr für die Wahrheit

zu finden, die endlich, von den Massen erfasst, über allen Kriegstaumel triumphieren und die Schuldigen zerschmettern muss!

Das theoretische Organ der Sozialistischen Partei erschien seit 1938 im Pariser Exil.

Am 1. Oktober 1938 überschritt die Familie Kurzweil bei Feldkirch in Vorarlberg die Grenze zur Schweiz, von wo sie nach Zürich weiterfuhr. In Zürich erhielt die Familie am 17. Oktober 1938 ein Ausreisevisum nach Paris, wo sie sich am 19. Oktober in 55, rue de Compans offiziell registrieren ließ.

In Paris schloss sich Bruno Kurzweil der „Auslandsvertretung der österreichischen Sozialisten", dem Zusammenschluss der aus Österreich geflohenen Angehörigen der „Revolutionären Sozialisten" und dem aus Prag nach Paris übersiedelten „Auslandsbüro der österreichischen Sozialdemokratie" um Otto Bauer, an. Er wurde auch innerhalb dieser Organisation tätig, indem er in der von der Auslandsvertretung herausgegebenen Zeitschrift „Sozialistischer Kampf" über „Recht unter dem Nationalsozialismus" Aufsätze verfasste.[19] Daneben schrieb er sich als Hörer bei der „Alliance Française" ein. Gisela Kurzweil absolvierte eine Ausbildung zur Masseurin, die sie mit einem Diplom im Sommer 1939 abschloss. Als um die Weihnachtszeit 1938 in Paris eine „Rote-Falken-Gruppe" namens „Freundschaft" gegründet wurde und sich diese wöchentlich in der Auslandsvertretung traf, gehörte auch Adele dazu. In dieser Gruppe – wie auch in der später in Montmorency bestehenden – waren fast ausschließlich Kinder bekannter österreichischer Sozialdemokraten, die – wie ZeitzeugInnen übereinstimmend aussagten – neben Wanderungen auch Diskussionen über sozialistische Theorie und Geschichte veranstalteten. Diese wöchentlichen Treffen gipfelten im Sommer 1939 in einem einmonatigen Sommerlager in einer Jugendherberge in Plessis-Robinson, einem Vorort von Paris.

Der Einmarsch der deutschen Wehrmacht am 1. September 1939 in Polen und die darauf folgende Kriegserklärung Frankreichs und Englands hatten auch für die Familie Kurzweil massive Auswirkungen. Während Bruno Kurzweil im Zusammenhang mit der Internierung der „feindlichen Ausländer", wozu auch die österreichischen Flüchtlinge gehörten, in das Lager Meslay-du-Maine kam, wurde Adele mit anderen Jugendlichen direkt vom Ferienlager der „Roten Falken" nach Montmorency verlegt, wo Ernst Papanek ein Heim der jüdischen OSE für Flüchtlingskinder leitete. Obwohl Adele in dem Heim gut aufgehoben war und sie von dort aus die vierte Klasse des Lyzeums besuchte, dürfte sie sich dort – wie ihr Briefwechsel mit ihrer Mutter dokumentiert – nicht wohl gefühlt haben. Ihre Mutter war in Paris allein zurückgeblieben und am Rande des Nervenzusammenbruchs mit einer Reihe von Problemen der Unsicherheit konfrontiert. Aus den Briefen zwischen Adele und Gisela Kurzweil geht unter anderem hervor, dass die Mutter Schwierigkeiten mit der Aufenthaltserlaubnis in Paris hatte, sodass sie immer wieder den Gang zur Präfektur antreten musste, um eine Verlängerung zu erhalten.

CARTE POSTALE

Maman. Je suis sain et sauf et j'espère de te revoir bientôt. Ecris-moi comme d'habitude ce que te concerne et soit embrassée avec mille baisers. Ton père

Expéditeur Bruno Kurzweil
V^e comp. 14e groupe
camp d'étrangers
Meslay du Maine (Mayenne)

ADRESSE
Mademoiselle
Adèle Kurzweil
maison d'enfants
Union Osé
7 rue Valmy
Montmorency
(Seine et Oise)

Bruno Kurzweil schrieb aus dem Internierungslager an Adele.

Die Situation besserte sich ein wenig, nachdem Bruno Kurzweil im Februar 1940 wieder aus dem Internierungslager entlassen worden war. Er wurde in der Folge innerhalb der „Zentralvereinigung österreichischer Emigranten" aktiv. Nach Angaben von Muriel Buttinger soll er sogar der Sekretär der Vereinigung geworden sein.[20] Nachdem im Mai 1940 die deutsche Offensive im Westen mit dem Einmarsch in Holland und Belgien begonnen hatte, beschloss die „Auslandsvertretung österreichischer Sozialisten" auf Anraten des ehemaligen französischen sozialistischen Ministerpräsidenten Léon Blum in den Süden Frankreichs nach Montauban zu gehen. Die Familie Kurzweil erhielt am 9. Juni einen Sauf-Conduit Collectif, einen Passierschein, der ihnen die Reise nach Montauban bis spätestens 20. Juni gestattete. Während sich die Deutschen Truppen Paris näherten, reiste die Familie nach Montauban, wo sie sich am 17. Juni als Flüchtlinge aus Paris registrieren ließen.

Da dieser von Vichy aus regierte – noch unbesetzte – Teil Frankreichs keine Sicherheit und Garantie und auch keine Möglichkeit bot, politisch im Rahmen der Sozialdemokratie aktiv zu sein, entschlossen sich die führenden Funktionäre der Auslandsvertretung so rasch wie möglich Frankreich zu verlassen. Nach deren Abreise in die USA übernahm Bruno Kurzweil gemeinsam mit Josef Müller die „Agenden der Verlassenschaft", wie er in einem Brief an Joseph Buttinger im Oktober 1940 schrieb[21]. Ihnen – vor allem jedoch Bruno Kurzweil – gelang es in den folgenden Monaten, für die in Montauban Lebenden sowie für jene, die in den Internierungslagern gefangen waren, durch die Hilfe Buttingers und anderer in den USA bzw. Mexiko Gelder und Ausreisevisa zu organisieren.

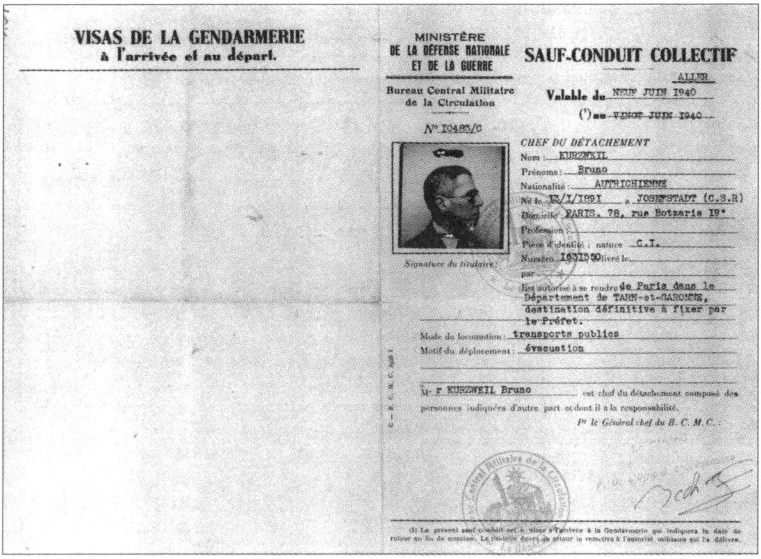

VISAS DE LA GENDARMERIE
à l'arrivée et au départ.

MINISTÈRE
DE LA DÉFENSE NATIONALE
ET DE LA GUERRE

Bureau Central Militaire
de la Circulation

N° I0483/C

SAUF-CONDUIT COLLECTIF

ALLER

Valable du NEUF JUIN I940

(¹) au VINGT JUIN I940

Signature du titulaire :

CHEF DU DÉTACHEMENT

Nom : KURZWEIL

Prénoms : Bruno

Nationalité : AUTRICHIENNE

Né le 13/I/I89I à JOSEFSTADT (C.S.R)

Domicile : PARIS. 78, rue Botzaris I9°

Profession :

Pièce d'identité : nature C.I.

Numéro I631550 livré le

par

Est autorisé à se rendre de Paris dans le Département de TARN-et-GARONNE, destination définitive à fixer par le Préfet.

Mode de locomotion : transports publics

Motif du déplacement : évacuation

Mr KURZWEIL Bruno est chef du détachement composé des personnes indiquées d'autre part et dont il a la responsabilité.

P^r le Général chef du B. C. M. C. :

(1) Le présent sauf conduit est à viser à l'arrivée à la Gendarmerie qui indiquera la date de retour au fin de mission. Le titulaire devra au retour le remettre à l'autorité militaire qui l'a délivré.

Sauf Conduit – Passierschein für Bruno Kurzweil

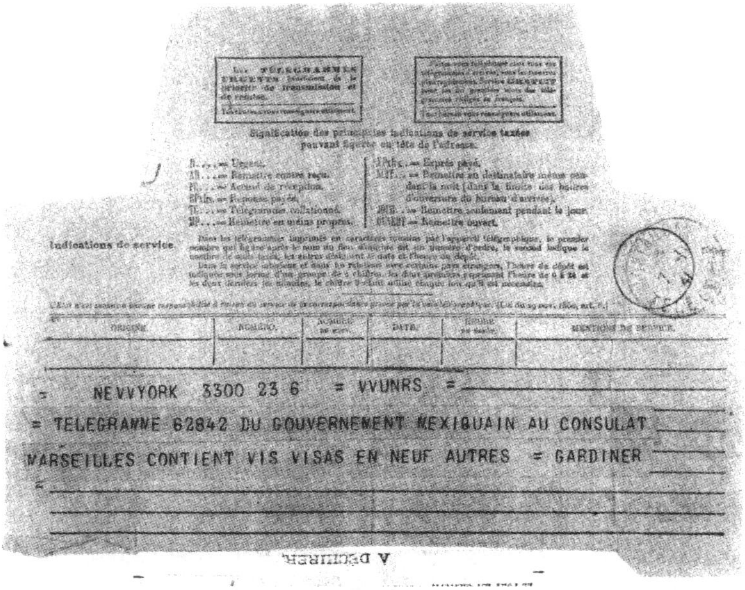

Signification des principales indications de service taxées pouvant figurer en tête de l'adresse.

Indications de service

ORIGINE	NUMÉRO	NOMBRE DE MOTS	DATE	HEURE DE DÉPÔT	MENTIONS DE SERVICE

= NEWYORK 3300 23 6 = WVUNRS =

= TELEGRAMME 62842 DU GOUVERNEMENT MEXIQUAIN AU CONSULAT

MARSEILLES CONTIENT VIS VISAS EN NEUF AUTRES = GARDINER

=

Muriel Gardiner-Buttinger versuchte von den USA aus Visa für die noch in Frankreich Lebenden zu organisieren.

POLICE RÉGIONALE D'ÉTAT DE MONTAUBAN

REÇU

à délivrer aux israélites ayant souscrit leur déclaration

DÉPARTEMENT de Tarn-et-Garonne

Il est certifié que Kurzweil. Bruno

a souscrit pour lui et les membres de sa famille ci-dessous désignés la déclaration prescrite aux israélites entrés en France après le 1er janvier 1936.

(1) Kurzweil née Branner Gisèle son épouse

Kurzweil Adèle sa fille

Fait le 20 février 1942 à Montauban

Tampon de l'autorité délivrant le reçu :

(1) Nom, prénoms et parenté avec le déclarant des personnes pour lesquelles ce dernier a effectué la déclaration.

Registrierung der Familie Kurzweil
als ausländische Juden in Montauban

Bruno Kurzweil gelang es aber selbst nicht, sein und das Leben seiner Familie zu retten. Auch wenn eine Aneinanderreihung unglücklicher Umstände (siehe Beiträge in diesem Band) dazu geführt hatten, dass sie am 28. August 1942 verhaftet und nach Auschwitz deportiert wurden, so dürfte doch Bruno Kurzweil die Bedrohlichkeit der politischen Lage unterschätzt haben. Es wäre vermutlich möglich gewesen – wie auch Henry Leichter in seinen Erinnerungen beschreibt[22] – zumindest die Tochter Adele zu retten. Doch Bruno Kurzweil wollte offenbar – auch in falscher Einschätzung des Vichy- Regimes – die Familie zusammenhalten und Adele nicht allein in die USA bzw. zu einem späteren Zeitpunkt nach Mexiko gehen lassen.

Der Grund mag vielleicht darin liegen, dass er als Jurist gewohnt war, sich in Paragraphen und Verordnungen zurecht zu finden. So schien er auch der von Pétain proklamierten französischen Souveränität zu Unrecht vertraut und sich damit der todbringenden Illusion von Sicherheit für sich und seine Familie hingegeben zu haben. Daher ist es auch erklärlich, dass er sich und seine Familie im Juli 1941 als Juden hat registrieren lassen und nicht wie andere in die Illegalität abgetaucht ist.[23]

Nachdem im Jänner 1942 die Nationalsozialisten auf der „Wannsee-Konferenz“ die „Endlösung der Judenfrage“ beschlossen hatten, forderte das Deutsche Reich von Frankreich die Auslieferung der Juden. Für die Familie Kurzweil wurde es – wie für Tausende andere auch – zu einem Wettlauf mit der Zeit. Während die rettenden Visa bzw. Passierscheine auf sich warten ließen, kam es im Zusammenhang mit der deutschen Forderung zu Razzien gegen Juden. Nachdem es am 16. und 17. Juli 1942 in Paris zu Razzien gegen Juden gekommen war, bei denen 12.000 ausländische Juden verhaftet wurden, begann Ende August eine große Razzia in der Provinz Tarn et Garonne. Allein am 26. August 1942 wurden neben der Familie Kurzweil, die in Auvillar nahe Montauban verhaftet wurde, noch 170 Personen festgenommen und in das Camp de Septfonds gebracht, von wo alle in der Nacht vom 1./2. September nach Drancy und am 9. September mit dem Transport Nr. 30 nach Auschwitz deportiert und ermordet wurden.

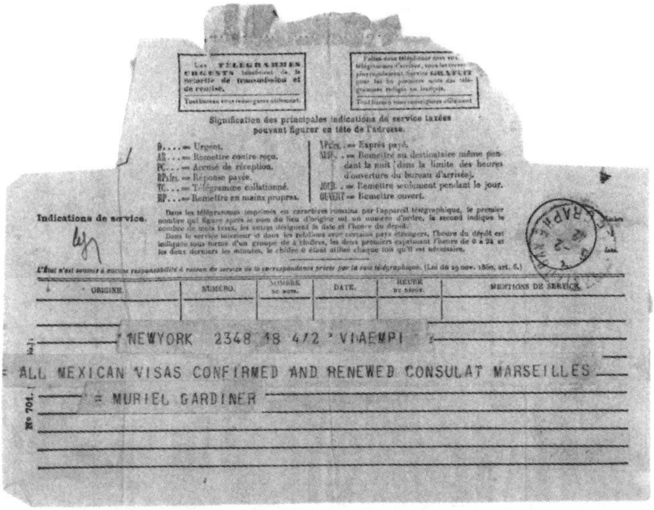
Signification des principales indications de service taxées pouvant figurer en tête de l'adresse.

Indications de service.

ORIGINE | NUMÉRO | NOMBRE DE MOTS | DATE | HEURE DE DÉPÔT | MENTIONS DE SERVICE

NEWYORK 2348 18 4/2 VIAEMPI

ALL MEXICAN VISAS CONFIRMED AND RENEWED CONSULAT MARSEILLES

= MURIEL GARDINER

Telegramm von Muriel Gardiner an Bruno Kurzweil

Marschall Philippe Pétain in Montauban, 6. November 1940

Kinder im Hof des Lagers Drancy im Dezember 1942

Selektion bei der Ankunft an der Rampe von Auschwitz

Fast gleichzeitig mit der Deportation der Familie nach Auschwitz begannen sich in Graz verschiedene Ämter für die Familie Kurzweil zu interessieren. Der Grund war, dass Bruno Kurzweil im Juli 1938 in seiner Vermögensanmeldung eine Liegenschaft in der Strauchergasse angegeben hatte. Da er jedoch kurz darauf das Land verlassen hatte, war über den Besitz dieser Liegenschaft bei der Vermögensverkehrsstelle, jener Stelle, die die Arisierung jüdischen Vermögens abwickelte, kein Vorgang vorhanden. Aus diesem Grund wurden Erhebungen eingeleitet, die am 8. Dezember 1942 zu folgendem Beschluss führten: „Auf Grund der Aberkennung der Deutschen Staatsangehörigkeit, verlautbart im Deutschen Reichsanzeiger Nr. 286 vom 5. Dezember 1940 und § 3 Abs. 1 der Elften Verordnung zum Reichsbürgergesetz vom 25. November 1941 RGBl I. S. 722 wird das Eigentumsrecht zugunsten des Deutschen Reiches (Reichsfinanzverwaltung) einverleibt.“[24] Mit diesem „behördlichen Vorgang“ endet die Spur der Familie Kurzweil.

1 Biographische Angaben stammen aus verschiedenen Akten aus dem Buttinger-Nachlass im *Dokumentationsarchiv des österreichischen Widerstands* (DÖW 18.882; 18.884; 18.886), dem Archiv der *Israelitischen Kultusgemeinde Graz* und den Dokumenten der Familie Kurzweil, die sich in den Koffern fanden und die sich im Archiv des *Musée de la résistance et de la déportation in Montauban* befinden. Pascal Caïla hat diese Dokumente in einem Dossier zusammengefasst. Pascal Caïla, Bruno, Gisèle et Adèle Kurzweil. Itinéraire d'une famille autrichienne juive 1938-1942, Montauban 1996. Für die Möglichkeit der Einsichtnahme in diese Unterlagen möchte ich mich recht herzlich bedanken.

2 Grazer Israelitischer Gemeindebote, 1.11.1910.

3 Eine recht anschauliche Schilderung der Professorenschaft an der Juridischen Fakultät findet sich in den Lebenserinnerungen von Ludwig Biró, Die erste Hälfte meines Lebens. Erinnerungen eines Grazer jüdischen Rechtsanwalts von 1900 - 1940. Hg. v. Christian Fleck, Graz 1998, 91 ff.

4 Archiv der KF-Universität Graz, Promotionsprotokoll, 4892/72; Staatsprüfungen, Semesterprüfungen.

5 Muriel Morris Buttinger, Concerning Bruno Kurzweil 1941, in: DÖW, Nachlass Joseph Buttinger (DÖW 18.882/8).

6 Heinz Mang, Steiermarks Sozialdemokraten im Sturm der Zeit, Graz 1989, 42 ff.

7 Interview mit Ing. Hans Kern, 4.5.2001.

8 Sozialdemokratische Hochverratsanzeige gegen Dr. Pfrimer. Ein Heimwehrprozess in Graz, in: Neue Freie Presse, 6.9.1928.

9 Gerhard Botz, Gewalt in der Politik. Attentate, Zusammenstöße, Putschversuche, Unruhen in Österreich 1918 bis 1934, München 1976.

10 Dazu: Bild- u. Tonarchiv: Interview mit Otto Fischer 1977; StLA, LGfStr, Vr 755/33; StLA, Zeitgeschichtliche Sammlung, Korrespondenz Machold, Kurzweil an Machold, 15.7.1933. Ich danke Hans-Peter Weingand für diesen Hinweis. Allgemein dazu auch: Karl Schiffer, Über die Brücke. Der Weg eines linken Sozialisten ins Schweizer Exil, Wien 1988, 75 ff.

11 DÖW 6979 (= Vr 343/34 Standgerichtsverfahren gegen Koloman Wallisch; Amtsvermerk vom 19.2.1934, aus dem hervorgeht, dass Wallisch Kurzweil und Eisler zu seinen Anwälten bestimmt hatte, beide jedoch inhaftiert waren); zur präventiven Verhaftung auch: Everhard Holtmann, Zwischen Unterdrückung und Befreiung. Sozialistische Arbeiterbewegung und autoritäres Regime in Österreich 1933-1938, Wien 1978, 93.

12 Beispielsweise: DÖW 12.882 (= LGfStr Graz Vr 2746/37 Verfahren gegen Albin Neubauer und Gen.).

13 Gudrun Reitter, Die Grazer Israelitische Kultusgemeinde 1908-1938, in: Dieter A. Binder - Gudrun Reitter - Herbert Rütgen, Judentum in einer antisemitischen Umwelt. Am Beispiel der Stadt Graz 1918-1938, Graz 1988, 62 ff.

14 Heimo Halbrainer (Hg.), Herbert Eichholzer 1903-1943. Architektur und Widerstand. Katalog zur Ausstellung, Graz 1998.

15 Interview mit Hans Kern, 4.5.2001.

16 Muriel Morris Buttinger, Concerning Bruno Kurzweil 1941, in: DÖW, Nachlass Joseph Buttinger (DÖW 18.882/8).

17 Zuletzt: Bernd Beutl, Antisemitismus und Judenverfolgung in Graz. Die Zerstörung der Israelitischen Kultusgemeinde 1938 - 1940, in: Stefan Karner (Hg.), Graz in der NS-Zeit 1938 - 1945, Graz 1998, 33.

18 Erlass Nr. 180: Jüdische Schüler an österreichischen Lehranstalten, 22. Juni 1938,

in: Verordnungsblatt für das Schulwesen in Steiermark, Jahrgang 1938, 12. Juli 1938.

19 Muriel Morris Buttinger, Concerning Bruno Kurzweil 1941, in: DÖW, Nachlass Joseph Buttinger (DÖW 18.882).

20 Muriel Morris Buttinger, Concerning Bruno Kurzweil 1941, in: DÖW, Nachlass Joseph Buttinger (DÖW 18.882).

21 Brief Bruno Kurzweil an Joseph Buttinger, 10.10.1940, in: DÖW, Nachlass Joseph Buttinger (DÖW 18.882).

22 Henry O. Leichter, Eine Kindheit. Wien - Zürich - Paris - USA. Aus dem Englischen übersetzt von Susi Schneider, Wien - Köln - Weimar 1995, 163.

23 Als Beispiel seien hier die auch von uns interviewten Familien Speiser oder Stein genannt.

24 StLA, Vermögensverkehrsstelle Graz, LG 2317.

Hanna Papanek

Die unentbehrliche, unerträgliche Forschung

Deles Passbild

Vor sechs Jahren saß ich im Lesesaal des *Centre de Documentation Juive Contemporaine* in Paris und ließ mir das Buch bringen, in dem Serge Klarsfeld die Deportation jüdischer Kinder aus Frankreich mit Bildern und Lebensgeschichten dokumentiert. Ich hatte schon lange gewusst, dass meine Freundinnen Dorli Loebl und Dele Kurzweil den Krieg nicht überlebt hatten. Damals in New York, gleich nach dem Krieg, sagte man darüber "*they didn't make it*" – sie haben es nicht geschafft – und sprach ratlos über etwas anderes. Das tägliche Leben ging weiter: Schule, Universität, Arbeit, Heirat, Kinder...

Ich hatte es „gewusst", aber auch nicht gewusst. Jetzt will ich es endlich wissen. Das Buch von Serge Klarsfeld ist alphabetisch arrangiert. Ich blättere schnell um: kleine Kinder in altmodischen Kleidern, mit jüdischen Namen... alle tot. Ich habe Angst. Ich suche nach dem Buchstaben „L", nach Dorli. Beim Buchstaben „K" höre ich plötzlich auf. Ein Gesicht liegt vor mir auf dem Blatt, sieht mich an wie eine Leiche im offenen Sarg: Dele. Ein junger Mann geht an meinem Tisch vorbei und schaut mich besorgt an. „*J'ai trouvé une copine*" – ich habe eine Freundin gefunden – sage ich zu ihm und halte ihm das schwere Buch hin, auf beiden Händen, so wie fromme Muslims den Koran ehrfürchtig aufheben. Er geht wortlos mit dem Buch weg. Bald bringt er mir eine Photokopie von Deles Seite.

Neben dem Bild, Deles Passbild, war ein Zeitungsausschnitt abgedruckt, die Geschichte über die Entdeckung der Kurzweil-Koffer und über das Lycée Michelet in Montauban. Ich schickte sofort einen Brief an das Lycée und bekam sehr bald eine Antwort von Monique Lagard, der Lehrerin, die aus den Papieren und Bildern in Deles Koffern mit ihren SchülerInnen einen Lehrplan entwickelt hatte. Damit begann die Forschungsarbeit, die ich meinen ermordeten Freundinnen, Dele und Dorli, schulde. Die Arbeit ist noch nicht zu Ende, wird es nie sein. Aber jetzt helfen neue, junge Forscher mit, die mehr über Dele und Dorli lernen und wissen wollen. Wissen müssen...

„Gruppe Freundschaft"

Im Jahre 1938, um die Weihnachtszeit, wurde eine Rote-Falken-Gruppe, „Gruppe Freundschaft", von österreichischen Sozialisten im Pariser Exil gegründet. Viele von ihnen hatten Kinder im Alter von zwölf bis fünfzehn Jahren und in normalen Zeiten – ohne Adolf Hitler – wären die meisten von ihnen einer sozialistischen Jugendgruppe beigetreten. Die Eltern hofften, dass diese Gruppe ihren Kindern helfen würde sich an das französische Exil anzupassen, aber vielleicht dachten sie auch an eine baldige Rückkehr in die Heimat und wollten ihre Kinder darauf vorbereiten. Damals erwarteten viele Exilanten noch, dass das nationalsozialistische Regime bald zusammenbrechen würde. Manche erhofften eine sozialistische Revolution nach diesem Zusammenbruch.

Einige der Eltern waren schon nach dem 12. Feber 1934 ins Exil geflohen; andere blieben in Österreich, wo mehrere an der Untergrundbewegung der Revolutionären Sozialisten (RS) teilnahmen. Der schwere Entschluss, Österreich endgültig zu verlassen, wurde nach dem „Anschluss" an Nazi-Deutschland (13. März 1938) unabwendbar. Damals pflegte Frankreich noch seine lange Tradition als „Land des Asyls" und mit der Hilfe des sozialistischen Ministerpräsidenten Léon Blum flohen die meisten nach Paris.

Die „Roten Falken" mit Marianne Pollack anlässlich der Gedenkkundgebung für Otto Bauer

Die Gruppe wurde anfangs von der sozialistischen Journalistin Marianne Pollak geleitet, aber die Sozialarbeiterin Erna („Nuna") Sailer kam sehr bald als Falkenführerin dazu. Die Gruppe traf sich regelmäßig jede Woche im Büro der AVÖS (Auslandsvertretung Österreichischer Sozialisten) in Paris und machte sonntags gemeinsame Ausflüge in die Umgebung der Stadt. Auf einem Bild von der Ehrungsfeier (30.4.1939) für den verstorbenen Führer der österreichischen Sozialdemokratie Otto Bauer auf dem

Pariser Friedhof *Père Lachaise* stehen die Roten Falken in der vorderen Reihe. Im Sommer 1939 ging fast die ganze Gruppe gemeinsam während der Sommerferien in eine Jugendherberge nach Plessis-Robinson, einen südlichen Vorort von Paris. Diese Sommerferien haben wir alle in sehr glücklicher Erinnerung.

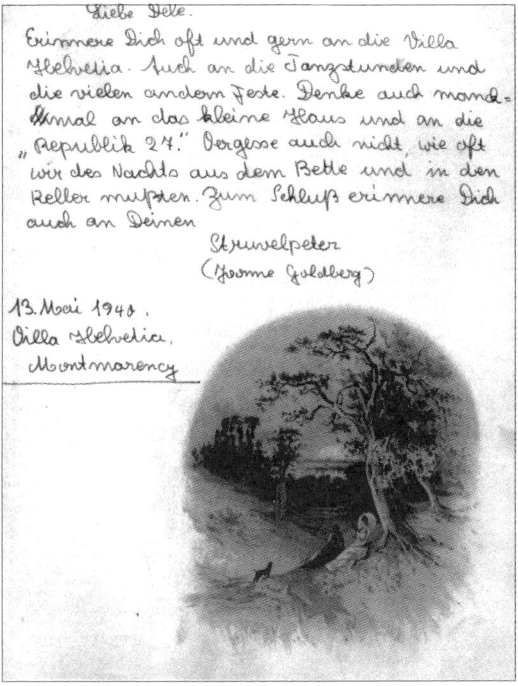

Aus dem Stammbuch von Adele Kurzweil

Vierzehn österreichische Kinder und Jugendliche (alle zwischen 1924 und 1930 geboren) gehörten am Anfang der Gruppe an, zehn Buben und vier Mädchen: Dele Kurzweil, Dorli Loebl, Lene Pariser und Hilde Schlesinger. Später kamen einige andere Mitglieder dazu. Ich war die einzige Deutsche in der Gruppe und wurde oft wegen meiner „Berliner Schnauze" ausgelacht, passte mich aber trotzdem gut an. Ich hieß Hanna Kaiser und hatte die vier Jahre nach unserer Flucht aus Berlin (1934) mit meinen sozialdemokratischen Eltern in Prag verbracht. Im Frühjahr 1938 gingen wir nach Paris; im Herbst 1940 begann unsere abenteuerliche Flucht nach New York. Dort habe ich 1947 meinen Freund aus der Gruppe, Gustav Papanek, geheiratet. Mehr als fünfzig Jahre später sind die überlebenden Mitglieder der Gruppe noch miteinander in Kontakt.

Damals wusste ich nur, dass ich mich in der Gruppe sehr glücklich fühlte. Im Rückblick sind mir viele Gründe dafür klar geworden. Als Kinder im Exil, ganz plötzlich aus unserer bekannten Welt gerissen, fanden wir in der Gruppe andere Kinder, die unser Schicksal teilten und mit denen wir uns sehr rasch anfreundeten. Auch sprachen wir miteinander meistens Deutsch, obwohl wir in der Schule und auf der Straße auch schnell Französisch lernten. Die Solidarität innerhalb der Gruppe war uns außerordentlich wichtig, aber es wurde uns auch bewusst, dass wir (und unsere Eltern) ein Teil der internationalen Arbeiterbewegung waren. Durch unsere politischen Diskussionen lernten wir vieles, das uns unser Exil nicht nur verständlich machte, sondern uns (und unseren Eltern) eine wichtige Rolle als Mitglieder des politischen Widerstands gab. Wir waren keine isolierten Flüchtlinge, sondern teilten ein Schicksal mit vielen anderen, die mutig gegen den Nationalsozialismus fochten.

Vor allem lernten wir aus der marxistischen „Logik der Geschichte", die wir in der Gruppe diskutierten, dass der Sieg der sozialistischen Arbeiterbewegung unabwendbar war. Wir glaubten so fest an unseren zukünftigen Sieg, dass wir die Schwierigkeiten des Exils leichter ertragen konnten. Diesen sicheren Glauben hatten wir in späteren Jahren nicht mehr, aber damals war er für unser Selbstbewusstsein außerordentlich wichtig.

Das war also das Milieu, in dem ich Dele Kurzweil kannte. Besser gesagt, so habe ich es empfunden. Wie Dele es sah, kann ich nur durch ihre erhalten gebliebenen Briefe erraten — ich glaube eher, dass es für sie anders war.

Die „Robinsoner" in den Kinderheimen der OSE

Bei Ausbruch des Krieges ging fast die ganze Gruppe am 3. September 1939 direkt aus Plessis-Robinson in die Kinderheime der OSE, einer jüdischen Wohlfahrtsorganisation. Die Heime waren im Norden von Paris in den Orten Montmorency (*Villa Helvetia* und *La Petite Colonie*), Soisy-sous-Montmorency (*Les Tourelles*) und Eaubonne (*Villa La Chesnaie*). Bis auf ungefähr fünfzehn Prozent waren die Flüchtlingskinder in den Heimen jüdischer Herkunft; sie kamen aus verschiedenen Ländern Europas, aber die meisten sprachen Deutsch.

Ernst Papanek (später mein Schwiegervater), ein österreichischer sozialistischer Pädagoge, früherer Wiener Gemeinderat und Führer der Sozialistischen Arbeiterjugend in Wien, wurde 1938 Leiter dieser Heime, mit der Aufgabe, sie aufzubauen und zu erweitern, um der ständig wachsenden Zahl von Flüchtlingskindern eine passende Erziehung und ein neues Zuhause zu bieten. Seine Frau, Dr. Helene Papanek, war die Heim-Ärztin. Fast alle Erzieher waren junge politische Exilanten aus Deutschland und Österreich.

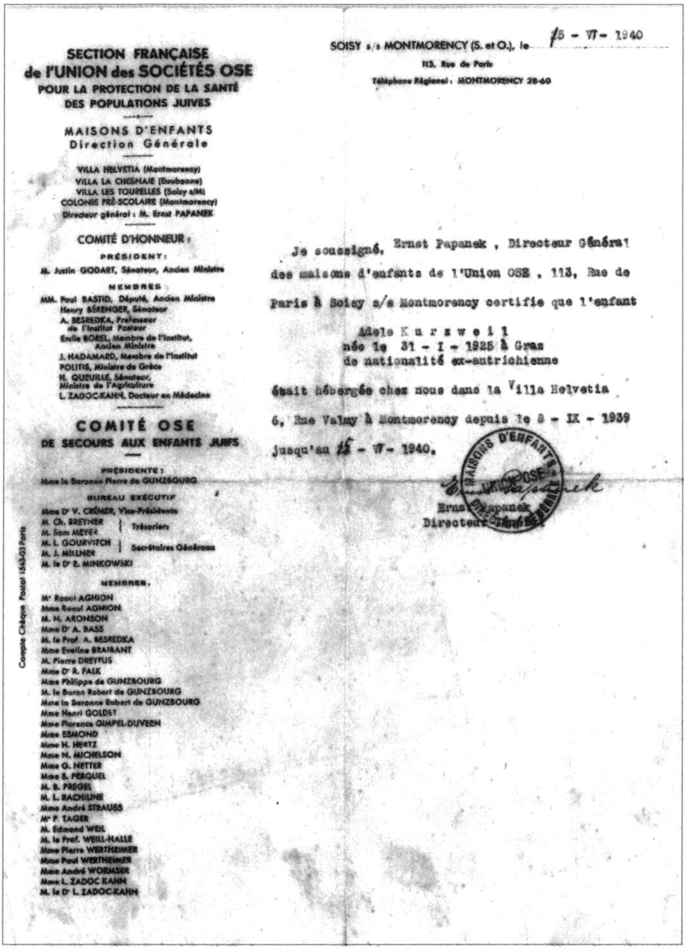

SECTION FRANÇAISE
de l'UNION des SOCIÉTÉS OSE
POUR LA PROTECTION DE LA SANTÉ
DES POPULATIONS JUIVES

MAISONS D'ENFANTS
Direction Générale

VILLA HELVETIA (Montmorency)
VILLA LA CHESNAIE (Eaubonne)
VILLA LES TOURELLES (Soisy s/M)
COLONIE PRÉ-SCOLAIRE (Montmorency)
Directeur général : M. Ernst PAPANEK

COMITÉ D'HONNEUR :

PRÉSIDENT :
M. Justin GODART, Sénateur, Ancien Ministre

MEMBRES
MM. Paul BASTID, Député, Ancien Ministre
Henry BÉRENGER, Sénateur
A. BESREDKA, Professeur de l'Institut Pasteur
Emile BOREL, Membre de l'Institut, Ancien Ministre
J. HADAMARD, Membre de l'Institut
POLITIS, Ministre de Grèce
H. QUEUILLE, Sénateur, Ministre de l'Agriculture
L. ZADOC-KAHN, Docteur en Médecine

COMITÉ OSE
DE SECOURS AUX ENFANTS JUIFS

PRÉSIDENTE :
Mme la Baronne Pierre de GUNZBOURG

BUREAU EXÉCUTIF
Mme Dr V. CRÉMER, Vice-Présidente
M. Ch. BREYNER, M. Sam MEYER – Trésoriers
M. L. GOURVITCH, M. J. MILLNER – Secrétaires Généraux
M. le Dr E. MINKOWSKI

MEMBRES.
Me Raoul AGHION
Mme Raoul AGHION
M. N. ARONSON
Mme Dr A. BASS
M. le Prof. A. BESREDKA
Mme Eveline BRAIBANT
M. Pierre DREYFUS
Mme Dr R. FALK
Mme Philippe de GUNZBOURG
M. le Baron Robert de GUNZBOURG
Mme la Baronne Robert de GUNZBOURG
Mme Henri GOLDET
Mme Florence GIMPEL-DUVEEN
Mme ESMOND
Mme H. HERTZ
Mme N. MICHELSON
Mme G. NETTER
Mme S. PERQUEL
M. B. PREGEL
M. L. RACHLINE
Mme André STRAUSS
Me P. TAGER
M. Edmond WEIL
M. le Prof. WEILL-HALLE
Mme Pierre WERTHEIMER
Mme Paul WERTHEIMER
Mme André WORMSER
Mme L. ZADOC KAHN
M. le Dr L. ZADOC-KAHN

Compte Chèque Postal 1543-03 Paris

SOISY s/s MONTMORENCY (S. et O.), le 15 - VI - 1940
113, Rue de Paris
Téléphone Régional : MONTMORENCY 28-60

Je soussigné, Ernst Papanek, Directeur Général des maisons d'enfants de l'Union OSE, 113, Rue de Paris à Soisy s/s Montmorency certifie que l'enfant

Adele K u r z w e i l
née le 31 - I - 1925 à Graz
de nationalité ex-autrichienne

était hébergée chez nous dans la Villa Helvetia 6, Rue Valmy à Montmorency depuis le 8 - IX - 1939 jusqu'au 15 - VI - 1940.

Ernst Papanek
Directeur Général

Zwischen September 1939 und Juni 1940 war Adele im Kinderheim der OSE von Ernst Papanek.

Diese Erzieher schufen in den Heimen unter Ernst Papaneks Leitung eine außerordentlich fortschrittliche und demokratische Atmosphäre, die für die Kinder von lebenslanger Wichtigkeit blieb. Leider haben nicht alle Kinder und Erzieher in den OSE Heimen die Kriegsjahre überlebt, da nur ein Teil von ihnen aus der Falle von Vichy-Frankreich entkommen konnte. Obwohl viele mit Hilfe der OSE und anderer Hilfsorganisationen und der französischen *Résistance* gerettet und versteckt wurden, sind mindestens neunundsechzig Kinder, die direkt von der französischen *Milice* aus den OSE-Heimen entführt wurden, in Auschwitz ermordet worden.

Die „Gruppe Freundschaft“ wurde in den Heimen als „die Robinsoner“ bekannt und blieb als zwar kleine, aber doch geschlossene Gruppe innerhalb der Heime (zu der Zeit ungefähr 300 Kinder) ein wichtiger Bestandteil des Gruppenlebens. Es war schwer für uns alle, dass die Mädchen und Buben der Gruppe getrennt wurden: die Mädchen kamen in die *Villa Helvetia* und die Buben in das einige Kilometer entfernte Kinderheim *Les Tourelles.* Ich lernte Dele Kurzweil kennen, als ich im Februar 1939 der Gruppe beitrat. Sie war einige Jahre älter als ich und benahm sich sehr zurückhaltend. Im Rückblick erkenne ich, dass sie bestimmt großes Heimweh nach Graz hatte und nur sehr ungern von ihren Eltern getrennt lebte. Damals habe ich das nicht verstanden und beschäftigte mich hauptsächlich mit meinen etwas jüngeren Freundinnen aus der Gruppe. Im Kinderheim *Villa Helvetia* wohnten die „Robinsoner Mädeln“ zusammen in einem Zimmer. Wir betrieben viel mehr Sport als die anderen Mädchen unseres Alters und, da wir schon etwas Französisch konnten, gingen wir auch zusammen zuerst in die Dorfschule und später in ein *Lycée* in Enghien-les-Bains.

Es war immer sehr aufregend, wenn „unsere Buben“ zu uns nach *Villa Helvetia* kamen oder wenn wir mit anderen Kindern nach *Tourelles* marschierten. Ich erinnere mich aber nicht, dass Dele eine besondere Freundschaft zu irgendeinem Buben hatte. Ich hatte zwei: einen habe ich acht Jahre später geheiratet. Wir sind immer noch zusammen.

Aus dem Stammbuch von Adele Kurzweil

Internierungslager

Nach dem Einmarsch der deutschen Truppen in Belgien und Holland waren schon ab dem 14. Mai 1940 sehr viele aus Deutschland und Österreich stammende Männer, Frauen und Jugendliche, die über sechzehn Jahre alt waren, in Sammel- und Arbeitslagern interniert worden. Darunter war eine große Anzahl von politischen Exilanten. Dele Kurzweils Vater Bruno wurde ebenfalls interniert; Deles Mutter Gisela blieb allein in Paris zurück. Dass Menschen, die aus Opposition gegen die Nationalsozialisten nach Frankreich geflohen waren, nun als „feindliche Ausländer" interniert wurden, war für uns alle eine furchterregende Demütigung. Vor dem Waffenstillstand sind diese „Zivilgefangenen" zwar zuerst freigesetzt worden, wurden aber bald wieder von der Vichy-Regierung in Arbeits- oder Internierungslager eingesperrt (u.a. in das berüchtigte Lager Gurs oder das Arbeitslager Septfonds, beide nicht weit von Montauban).

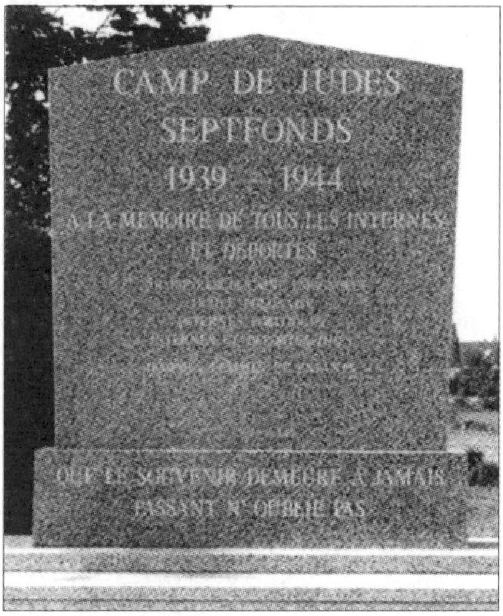

Heute erinnert ein Denkmal an das Lager Septfonds.

Die Flucht nach Süden

Anfang Juni 1940, als die deutsche Armee sich schon sehr bedrohlich Paris genähert hatte, wurden die meisten Heiminsassen in die noch unbesetzte Zone in Südfrankreich (von Vichy aus regiert) in das *Château Montintin* südlich von Limoges transportiert. Ich erinnere mich noch sehr lebhaft an die Fahrt in der Eisenbahn und die Ankunft in *Montintin*, wo ich trotz des Krieges meistens sehr glücklich war. In mein Tagebuch schrieb ich aber, am Tag des deutschen Sieges, „*à bas la guerre*", „Nieder mit dem Krieg!"

Das geteilte Frankreich

Die meisten Mitglieder der „Gruppe Freundschaft“ fuhren aber nicht mit dem Kindertransport mit. Ich war eine von den wenigen aus der „Gruppe Freundschaft“, die ins *Château Montintin* kamen, zusammen mit Dorli (mit der ich begeistert auf hohe Bäume kletterte) und Hilde Schlesinger, die später in New York eine enge Freundin wurde.

Dele und die anderen „Robinsoner“ fuhren mit ihren Eltern nach Montauban, wo ihnen der Aufenthalt von den Behörden erlaubt worden war. Dort wurde die Auslandsvertretung Österreichischer Sozialisten der Mittelpunkt der österreichischen Flüchtlingsgemeinde. Noch bevor die meisten von ihnen dort ankamen, hatte Genosse Otto Leichter Zimmer in Montauban ausfindig gemacht und andere Vorbereitungen getroffen. Ankommende österreichische Sozialisten wurden am Bahnhof von Jugendlichen erwartet und in das Bahnhof-Café geschickt, um sich dort bei Genossen anzumelden und Zimmer zugeteilt zu bekommen. Dele Kurzweil und Kurt Sonnenfeld waren eines der jugendlichen Teams, die am Bahnhof warteten.

Emergency Rescue Committee
Incorporated
122 EAST 42nd STREET, NEW YORK, N. Y.
MURRAY HILL 3-4590

June 18, 1941

Mr. Buttinger
336 Central Park West
New York City

Re: KURZWELL, Bruno and Wife

Dear Mr. Buttinger:

We received a report from the President's Advisory Committee stating that they need another affidavit of support to be substituted for the one given by Nelson Morris as Mr. Morris has already signed affidavits for nine people.

Very sincerely yours,
Lotta Loeb
Lotta Loeb
Case Department

LL:M

Die Fluchthelfer in den USA konnten kaum noch Affidavit-Geber finden.

Die Flucht aus Frankreich

Im Laufe der Jahre 1940-41 erhielten die meisten Eltern der „politischen" Kinder Ausreisemöglichkeiten durch die Intervention verschiedener Hilfsorganisationen, vor allem des *Jewish Labor Committee* und des *Emergency Rescue Committee* (beide in New York), die in Marseille durch das von Varian Fry geleitete *Centre américain de secours* vertreten wurden. In dieser Hinsicht waren die politischen Exilanten in einer viel besseren Situation als die meisten anderen Flüchtlinge, denn diese zwei Rettungsorganisationen hatten die amerikanische Regierung überzeugen können, dass aktive Mitglieder der Arbeiterbewegung nach dem Krieg in einem demokratischen Europa sehr wichtig sein würden und deshalb gerettet werden müssten. Es ist eine tragische Schande, dass die Regierungen der Asylländer sich nicht intensiv der Rettung aller Flüchtlinge widmeten, besonders der Tausender jüdischer Verfolgter, die – schon am Ende ihrer Hoffnung – auf Einreisevisen warten mussten. Die meisten wurden dann später in Vernichtungslagern ermordet.

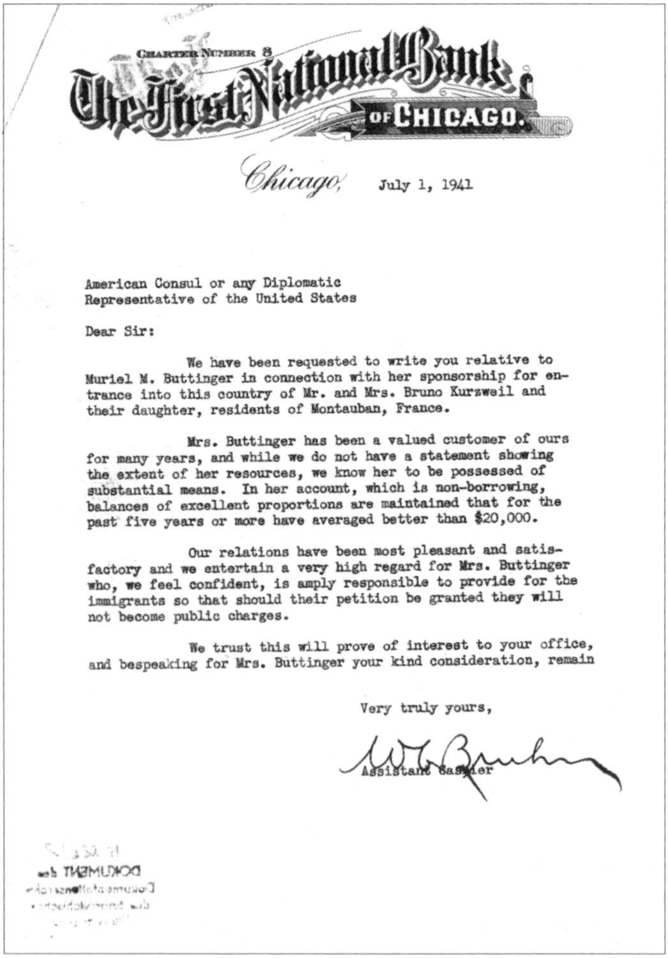

CHARTER NUMBER 8
The First National Bank of CHICAGO.

Chicago, July 1, 1941

American Consul or any Diplomatic
Representative of the United States

Dear Sir:

We have been requested to write you relative to Muriel M. Buttinger in connection with her sponsorship for entrance into this country of Mr. and Mrs. Bruno Kurzweil and their daughter, residents of Montauban, France.

Mrs. Buttinger has been a valued customer of ours for many years, and while we do not have a statement showing the extent of her resources, we know her to be possessed of substantial means. In her account, which is non-borrowing, balances of excellent proportions are maintained that for the past five years or more have averaged better than $20,000.

Our relations have been most pleasant and satisfactory and we entertain a very high regard for Mrs. Buttinger who, we feel confident, is amply responsible to provide for the immigrants so that should their petition be granted they will not become public charges.

We trust this will prove of interest to your office, and bespeaking for Mrs. Buttinger your kind consideration, remain

Very truly yours,

W. G. Brahm
Assistant Cashier

Solche Bestätigungen mussten die Affidavit-Geber bringen.

Am wichtigsten für unsere Rettung waren die *Emergency Visitors' Visas*, die in scharf begrenzter Anzahl von der USA bewilligt wurden. Andere Länder, vor allem Mexiko, gaben Einreisevisen an Flüchtlinge, aber auch diese waren begrenzt und wurden oft nicht schnell genug erteilt, um Menschen vor der Deportation zu retten. Das war auch das Schicksal der Familie Kurzweil. Mit diesen Einreiseerlaubnissen sollten gefährdete Menschen die Möglichkeit haben, durch Spanien und Portugal über Lissabon in die USA zu fahren.

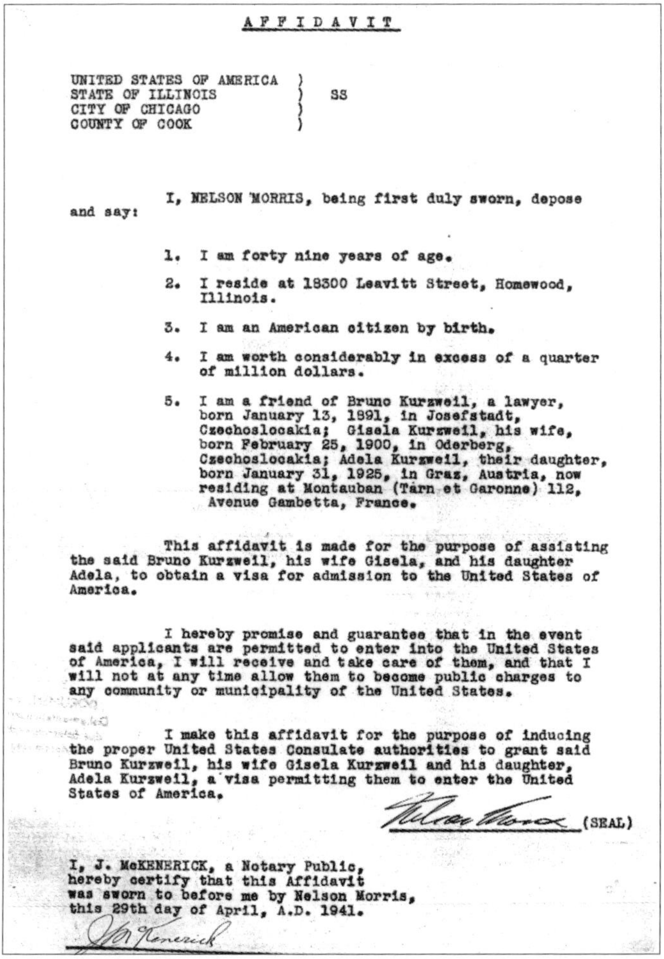

AFFIDAVIT

UNITED STATES OF AMERICA)
STATE OF ILLINOIS) SS
CITY OF CHICAGO)
COUNTY OF COOK)

I, NELSON MORRIS, being first duly sworn, depose and say:

1. I am forty nine years of age.
2. I reside at 18300 Leavitt Street, Homewood, Illinois.
3. I am an American citizen by birth.
4. I am worth considerably in excess of a quarter of million dollars.
5. I am a friend of Bruno Kurzweil, a lawyer, born January 13, 1891, in Josefstadt, Czechoslocakia; Gisela Kurzweil, his wife, born February 25, 1900, in Oderberg, Czechoslocakia; Adela Kurzweil, their daughter, born January 31, 1925, in Graz, Austria, now residing at Montauban (Tarn et Garonne) 112, Avenue Gambetta, France.

This affidavit is made for the purpose of assisting the said Bruno Kurzweil, his wife Gisela, and his daughter Adela, to obtain a visa for admission to the United States of America.

I hereby promise and guarantee that in the event said applicants are permitted to enter into the United States of America, I will receive and take care of them, and that I will not at any time allow them to become public charges to any community or municipality of the United States.

I make this affidavit for the purpose of inducing the proper United States Consulate authorities to grant said Bruno Kurzweil, his wife Gisela Kurzweil and his daughter, Adela Kurzweil, a visa permitting them to enter the United States of America.

(SEAL)

I, J. McKENERICK, a Notary Public, hereby certify that this Affidavit was sworn to before me by Nelson Morris, this 29th day of April, A.D. 1941.

Affidavit von Nelson Morris für Bruno Kurzweil und Familie

Diesen Plänen stand aber der berüchtigte „Artikel 19" im Weg. Die französische Regierung hatte sich im Waffenstillstandsabkommen mit Deutschland am 22. Juni 1940 im Artikel 19 „verpflichtet, alle in Frankreich sowie in den französischen Besitzungen befindlichen Deutschen, die von der deutschen Reichsregierung namhaft gemacht werden, auf Verlangen auszuliefern." Nach der Annexion Österreichs 1938 waren auch Österreicher von dieser Regel betroffen. In der Erwartung, dass die Hitler-Regierung besonders die Auslieferung der „deutschen" politischen Exilanten verlangen würde, erteilte die Vichy-Regierung Ausreise-Erlaubnisse aus Frankreich nur für sehr wenige Deutsche und Österreicher, die durch die Intervention der ausländischen Organisationen die Einreise-Visen in die USA erhalten hatten. Flüchtlinge anderer Staatsangehörigkeiten erhielten meistens Ausreise-Visen. Für die anderen mussten illegale Wege über die französische Grenze ausfindig gemacht werden; viele Menschen sind auf diese Art mit Hilfe des *Centre américain de secours* oder anderen Organisationen aus Frankreich geflohen.

Die Überlebenden

Fast allen Familien der Mitglieder unserer Gruppe ist es gelungen, aus der Falle Vichy-Frankreichs zu entkommen, die meisten in die USA, manche nach Mexiko. Obwohl viele von uns öfters nach Europa kommen, sind die meisten in ihren Asylländern geblieben.

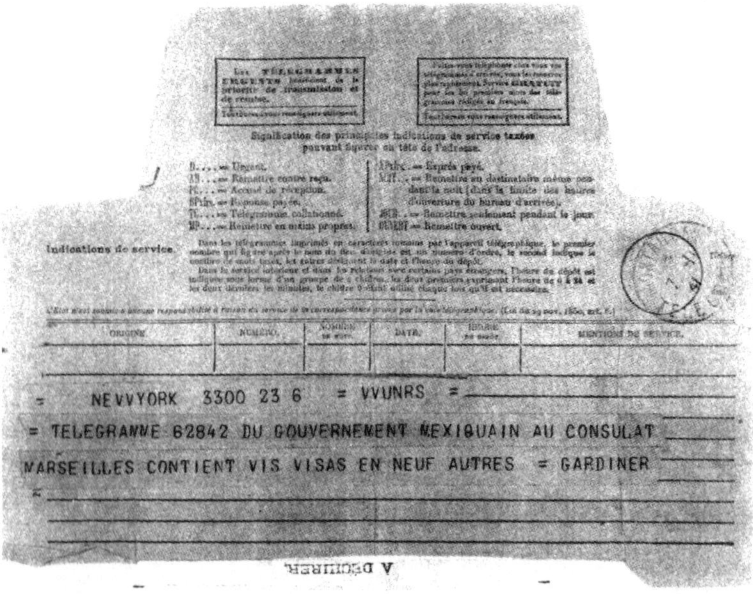

= NEVVYORK 3300 23 6 = VVUNRS =

= TELEGRAMME 62842 DU GOUVERNEMENT MEXICUAIN AU CONSULAT MARSEILLES CONTIENT VIS VISAS EN NEUF AUTRES = GARDINER

Muriel Gardiner-Buttinger versuchte von den USA aus Visa für die noch in Frankreich Lebenden zu organisieren.

Drei Familien (Kurzweil, Loebl und Pariser) blieben aber in Montauban zurück. Keine von ihnen erhielt das ersehnte Einreisevisum in andere Länder und deshalb auch keine Ausreise-Erlaubnis von der Vichy-Regierung. Ich habe in vielen Archiven nach einer Erklärung gesucht, aber keine wirkliche gefunden. Zufall, bürokratische Schikanen, Angst, ein Risiko einzugehen spielten dabei eine Rolle. Damals konnte so viel schief gehen, dass man sich wundert, dass so viele Menschen trotzdem diese Zeit überstanden haben.

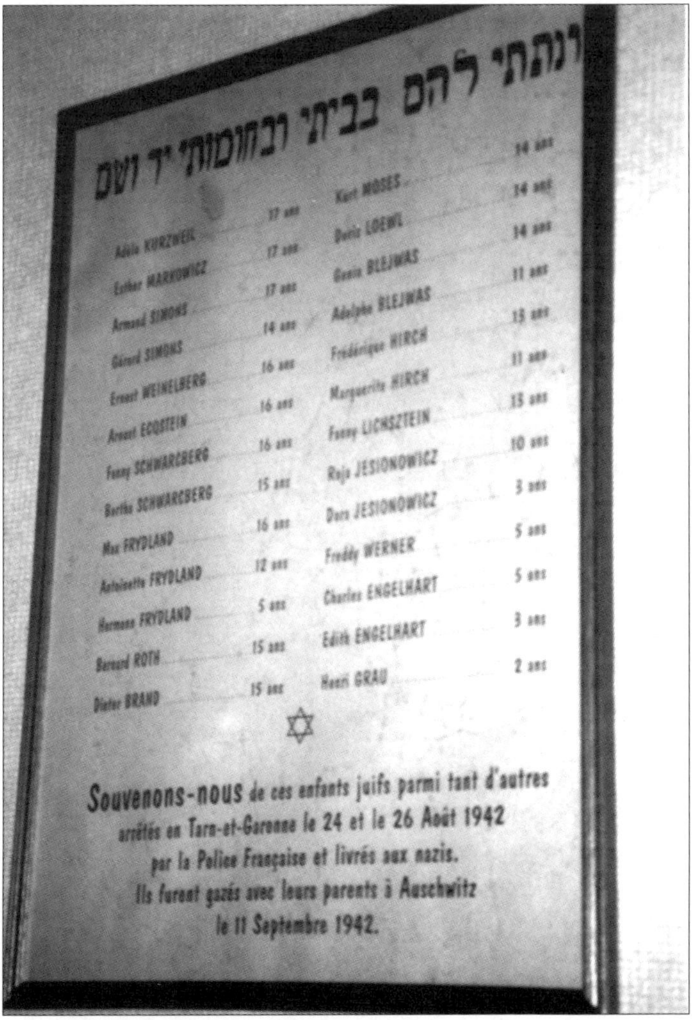

Erinnerungstafel in der Synagoge von Montauban an die in Auschwitz ermordeten Kinder. Links oben wird Adele Kurzweil genannt.

Es überlebten den Krieg nur Lene Pariser und ihr Vater Anton (die Mutter war schon 1940 in Montauban gestorben). Mehrere andere österreichische Familien in Montauban konnten sich irgendwie verstecken; aber trotzdem überlebten nicht alle den Krieg.

Als sich die Judenverfolgungen im „unbesetzten" Frankreich im Sommer 1942 verstärkten, wurde Lene Pariser zuerst von französischen Nonnen in einem Kloster versteckt, dann mit ihrem Vater von französischen Bauern in einer versteckten Waldhütte über zwei Jahre geschützt und ernährt.

Die Toten

Dorli Loebl und Dele Kurzweil wurden mit ihren Eltern in Auschwitz ermordet, nachdem sie im Sommer 1942 von der Vichy-Regierung an Deutschland ausgeliefert wurden. Dieses Schicksal teilten sie mit Millionen anderer Opfer. Es ist schwer an Millionen zu denken. Sich an eine oder zwei geliebte Freundinnen zu erinnern, scheint einfacher zu sein.

Es ist unsäglich schwerer.

Henry O. Leichter [1]

Eine Kindheit in Paris und Montauban

Henry O. Leichter, geboren 1924 in Wien, war der Sohn von Otto und Käthe Leichter. Otto Leichter war Redakteur der Arbeiter-Zeitung in Wien, Käthe Leichter war die Leiterin des Frauenreferates der Wiener Arbeiterkammer. Beide gehörten nach dem Bürgerkrieg 1934 zu den Gründern der Revolutionären Sozialisten in Österreich. Während Otto Leichter im März 1938 über Zürich nach Paris geflohen war, blieben Käthe und die Kinder Franz und Heinz Otto (=Henry) in Wien. Ende Mai 1938 wurde Käthe Leichter von einem Spitzel verraten und von der Gestapo verhaftet. Die Kinder kamen zu Bekannten der Familie, bis ihnen im Juli bzw. August 1938 die Ausreise aus dem Deutschen Reich gelang. Gemeinsam mit dem Vater lebten sie zuerst in Paris und dann in Montauban, ehe sie im Herbst 1940 in die USA flohen. Zu diesem Zeitpunkt war Käthe Leichter bereits von der Gestapo ins KZ Ravensbrück überstellt worden. 1942 wurde sie im Zuge der NS-Euthanasie als Jüdin in der Psychiatrischen Anstalt Bernburg/Saale in Deutschland ermordet.[2]

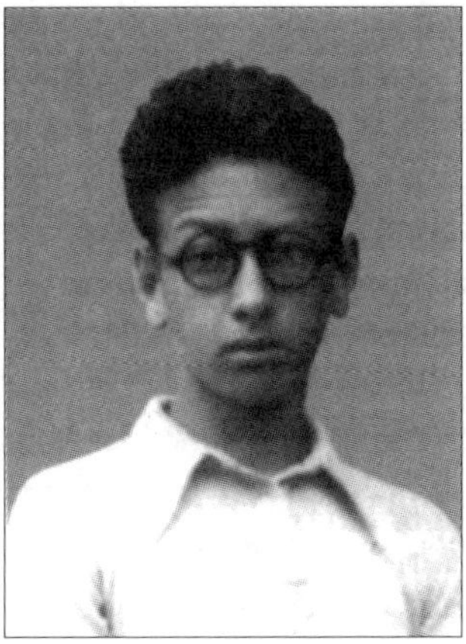

Henry Leichter

Meiner Mutter hätte unser Leben in Paris gefallen. (...) Ich hatte endlich die Chance, einer politischen (natürlich sozialistischen) Jugendgruppe beizutreten. In der österreichischen Kolonie gab es etwa 15 Kinder im Alter von acht bis fünfzehn Jahren. Im Winter 1938/39 begannen sie sich regelmäßig jeden Samstag als „Rote Falken" zu treffen. Diese Abende wurden von Marianne Pollak geleitet, einer Journalistin und engen Freundin meiner Eltern. Man traf sich im Lokal der österreichischen Sozialisten in der Avenue Trudaine am Fuß des Montmartre. Ich war unerhört enthusiastisch und lebte die ganze Woche mit der Vorfreude auf den Samstag. Die Aktivitäten der „Gruppe“, wie wir sie nannten, bestanden aus Diskussionen sozialistischer Theorie, denen Lieder und Spiele folgten. Als Ältester der Gruppe war ich mit den Liedern und Spielen etwas ungeduldig und hätte am liebsten die ganze Zeit damit verbracht, große Theorien zu wälzen. Die jüngeren Mitglieder der Gruppe setzten sich jedoch durch. Denn wie viel Theorie, selbst wenn sie sozialistisch ist, kann ein Neunjähriger schon verkraften?

Zusätzlich zu den wöchentlichen Samstagnachmittagtreffen machten wir beinahe jeden Sonntag Ausflüge in die bewaldete Umgebung von Paris. Bald wurden diese zu Wochenendpartien. Der Höhepunkt war ein ganzer Monat, den wir gemeinsam in einer Jugendherberge in Robinson, etwa eine halbe Stunde außerhalb von Paris, im Sommer 1939, kurz vor Kriegsausbruch, verbrachten. (...) Obwohl man das Gegenteil hätte erwarten können, war es ein guter Sommer. Zum zweiten Mal erlebte ich die Vergnügen des Lagerlebens mit einer Gruppe von heranwachsenden Burschen und Mädchen, die alle politisch dem Sozialismus zugewandt waren. Wir waren alle Flüchtlinge in einem fremden Land, das immer stärker ausländerfeindlich wurde, wobei der rechte Flügel sich besonders hervortat. In der freundlichen Atmosphäre der Jugendherberge waren wir jedoch ziemlich uns selbst überlassen, wir konnten also ungestört unsere Lagerfeuer abhalten, unsere proletarischen Kampflieder singen und unsere ernsten Diskussionen über sozialistische Theorien führen. Woran ich mich am besten erinnere, war der Geist der Solidarität, der Gemeinschaft und des Optimismus.

Dieser Optimismus mag seltsam anmuten, wenn man bedenkt, dass alle Mitglieder der Gruppe aus ihrer Heimat vertrieben waren; einige von uns hatten Verwandte, die in Nazigefängnissen eingekerkert waren; der Krieg schien unvermeidlich, und man nahm an, dass die Luftangriffe sehr schlimm werden würden. Wir wussten über die Ereignisse, die rings um uns geschahen, ziemlich genau Bescheid: Unser politischer Hintergrund sorgte dafür, dass wir uns sehr wohl bewusst waren, was sich auf der Weltbühne abspielte. Dass wir trotzdem optimistisch waren, ist nur ein weiterer Beweis für die außerordentliche Widerstandskraft der Jugend. In der richtigen Atmosphäre wird der Optimismus leicht die Oberhand gewinnen. (...)

Nun geschah alles in Blitzesschnelle. Nachdem Hitler seine Flanken abgesichert hatte, fiel er am 1. September 1939 über Polen her. Er hatte sich allerdings über die Reaktion von England und Frankreich geirrt, da er angenommen hatte, die Westmächte würden die gleiche feige Haltung

einnehmen wie gegenüber der Tschechoslowakei. Am 3. September erklärten Frankreich und England Deutschland den Krieg.
Was würde nun mit der „Gruppe" geschehen?

Unsere Eltern improvisierten, so gut sie es konnten, und arrangierten, dass wir von Robinson in einen anderen Vorort von Paris, Montmorency, übersiedelten, wo einer von ihnen ein Heim für jüdische Flüchtlingskinder leitete. Wir fuhren im Taxi, und ich werde die unheimliche Stille in den sonst so lebhaften Straßen von Paris nie vergessen. Da gab es keinen Jubel, keine freudigen Demonstrationen, nichts von dem, was laut Erzählungen bei Anbruch des Ersten Weltkrieges geschehen war. Die Atmosphäre kann nur als Massenschock beschrieben werden.

Unsere Ankunft in unserem neuen Heim war durch die Nachricht getrübt, dass sich alle männlichen deutschen und österreichischen Staatsbürger in einem großen Pariser Stadion, dem Vélodrome d'Hiver, zu stellen hatten, von dem sie dann in die verschiedenen Internierungslager in ganz Frankreich versandt werden würden. (...)

Das Leben hatte sich seit Kriegsbeginn geändert. Die nächtlichen Verdunkelungen wurden striktest befolgt. Das bedeutete, dass die Jalousien mit schwarzem Papier beklebt werden mussten und nachts immer geschlossen waren. An alle Fenster wurden Streifen geklebt. In der Nacht war es ziemlich gefährlich, auf den Straßen der „Ville Lumière" zu spazieren, da die Straßenbeleuchtung abgeschaltet war und die Autos nur Standlichter andrehen durften. Taschenlampen (entsprechend gedämpft) wurden zum wichtigsten Ausrüstungsgegenstand für nächtliche Wanderer. Kinos, Theater, Tanzlokale und andere Vergnügungsetablissements schlossen zeitig, um den Nachtschwärmern Gelegenheit zu geben, nach Hause zu gelangen, bevor die Straßen zu gefährlich wurden. Auch in unserer Schule gab es drastische Veränderungen. (...)

Dann kam 1940. (...) Die Ereignisse überschlugen sich; rückblickend scheint sich alles nur innerhalb weniger Tage abgespielt zu haben. So falsch ist das auch nicht: Am 10. Mai hatten die Deutschen ihre Offensive gestartet; am 2. Juni verließen wir Paris; am 17. Juni baten die Franzosen um Waffenstillstand; Mitte August überquerten wir die Grenze nach Spanien, von wo wir weiter nach Portugal reisten; und Ende August waren wir bereits auf einem Ozeandampfer nach New York, wo wir am 4. September einlangten.

Ich weiß nicht genau, wann die Entscheidung getroffen wurde, Paris zu verlassen. Die österreichische sozialistische Gruppe war gut organisiert. Mit der Hilfe französischer Sympathisanten konnten wir Reisebewilligungen für die gesamte Gruppe auftreiben. Man entschloss sich, in die kleine Stadt Montauban im Süden von Frankreich zu flüchten; mein Vater und die

Furtmüllers (...) sollten als Vorhut fahren, um Unterkünfte für alle anderen zu finden.

Also verließen wir am 2. Juni unsere Wohnung in Issyles-Moulineaux. (...) Wir nahmen den Nachtzug nach Montauban, unweit von Toulouse im südlichen Frankreich gelegen. Dass wir gerade noch davongekommen waren, zeigte sich am nächsten Tag, als der erste und einzige ernsthafte Bombenangriff auf Paris stattfand. Ziel des Angriffes waren die südwestlichen Vororte von Paris, insbesondere ein Militärflughafen, den wir oft aus unseren Fenstern beobachtet hatten. (...)

Die Ankunft in Montauban war überraschend: Über Nacht hatte sich der Süden Frankreichs in ein riesiges Flüchtlingslager verwandelt, und Montauban war dabei keine Ausnahme. Während der folgenden Wochen sollte das noch drastischer werden, aber es erschien uns im Moment schon aufregend genug. Belgische Polizisten patrouillierten die Straßen, holländische Postbeamte brachten die Post, Pariser Busse versuchten sich durch die engen Gassen von Montauban zu schlängeln. Aber durch die französische bürokratische Genialität funktionierte alles – irgendwie. Wir fanden ein Zimmer im Hotel des Pyrenées nahe vom Bahnhof, und mein Vater machte sich sofort auf den Weg, Unterkünfte für die anderen, die noch folgen sollten, zu finden.

Und sie kamen. Gemeinsam mit einer riesigen Welle anderer Flüchtlinge kamen die Österreicher en masse, unter ihnen die meisten meiner Freunde, Mitglieder der „Gruppe“. Wir wurden beauftragt, am Bahnhof Wache zu halten, um den österreichischen Sozialisten bei ihrer Ankunft zu erklären, wohin sie gehen sollten. Viele der Männer waren noch immer in Anhaltelagern, andere waren in den militärischen Arbeitsdienst eingezogen; wir setzten darauf, dass der mündliche Nachrichtendienst funktionieren würde, so dass alle oder wenigstens die meisten über kurz oder lang den Weg nach Montauban finden würden. Überraschenderweise funktionierte dieses System inmitten des unbeschreiblichen Chaos eines untergehenden Landes, und die meisten Familien, die wir kannten, wurden auf diese Weise wieder vereint.

Waren wir anfangs unter dem Eindruck gewesen, bald wieder heimkehren zu können („heim“ bedeutete damals Paris), nachdem die französische Armee die Deutschen aus ihrem Land getrieben hatte, gab es bald ein rüdes Erwachen.

Montauban war mittlerweile unglaublich überfüllt. Der reguläre Bahnverkehr war eingestellt, Benzin war nicht aufzutreiben. Trotzdem strömten immer mehr Flüchtlinge in diese Stadt und in alle anderen Orte im Süden Frankreichs. Sie kamen zu Fuß, und oft zogen sie ihre Habseligkeiten in Handkarren mit sich. Von damals überlieferte Fotos und Berichte haben seither ein gutes Bild von dem wiedergegeben, was später als der „Untergang von Frankreich“ bekannt wurde. (...)

Trotz der großen Umwälzungen und der vielen Sorgen erinnere ich mich gerne an den Zwischenstopp in Montauban. Entweder hatte ich ein besonders sonniges Gemüt, oder es war ganz einfach nur ein weiteres Beispiel für die Anpassungsfähigkeit von Kindern und jungen Leuten an außergewöhnliche Umstände.

Mein gesellschaftliches Leben konzentrierte sich zur Gänze auf die „Gruppe“, da wir wussten, dass wir hier unsere letzten Treffen abhalten würden. (...) Wir hielten viele politische Diskussionen, hauptsächlich darüber, ob die Sowjetunion den Alliierten zu Hilfe kommen würde, was ich (ohne jegliche Grundlage) als unausbleiblich sah. Wir verwendeten noch immer die gleiche sozialistische revolutionäre Rhetorik, aber, so scheint es mir heute, mit etwas weniger Überschwang und blindem Glauben als vorher.

Wir schwammen viel im Tarn-Fluss und traten sogar einem lokalen Schwimmklub bei. Wir wanderten, lagen in der Sonne und führten stundenlange Gespräche. Wir hingen aneinander wie verwundete Tiere, die in der Gemeinschaft Trost und Sicherheit suchen. (...)

Mein Vater war weitaus der Aktivste in der österreichischen Kolonie auf der Suche nach Fluchtmöglichkeiten. Dafür wurde er oft von anderen, die weniger Energie als er an den Tag legten, kritisiert. Ich erinnere mich an eine Bemerkung, die der Patriarch der österreichischen Sozialisten, der legendäre Friedrich Adler, eines Tages während dieses Sommers an ihn richtete: „Man muss mit Würde sterben können.“ Worauf mein Vater ihm zur Antwort gab: „Man muss auch überleben können.“ Das Problem war, dass zu wenige amerikanische Visa vorhanden waren, um alle zu retten. Dafür und für die Tatsache, dass wir zu den Glücklichen zählten, die Visa besaßen und dadurch eine Fluchtmöglichkeit hatten, wurde mein Vater kritisiert.

In Wahrheit versuchte er so viele Menschen wie nur möglich zu retten. Darunter (...) befanden sich auch mein Freund Herbert und seine Mutter: Unter den Freunden meines Vaters war auch ein ungarischer Sozialist namens Ladislaus Fenyes, der in den zwanziger Jahren als Flüchtling vor den ungarischen Faschisten nach Wien gekommen war. Nach dem Anschluss rettete er sich nach Frankreich und war nun ebenfalls in Montauban. Es stellte sich heraus, dass er ein gültiges amerikanisches Visum in der Tasche hatte, das er aber nicht verwenden wollte, da ihm eine Zigeunerin nach eingehendem Studium seiner Handfläche Jahre vorher vorausgesagt hatte, dass er eines fürchterlichen Todes sterben würde, sollte er jemals „das Wasser überqueren“. Nachdem man Amerika nur über ein großes Wasser erreichen konnte, wollte er lieber in Europa bleiben und dort sterben.

Mein Vater, den er sehr verehrte und dem er auch zuhörte, überredete ihn, das Wagnis einzugehen und sich auf eine Schiffsreise einzulassen. Aber das war noch nicht das Schwierigste. Man musste ihm erst beibringen, dass er mit seinem kostbaren Visum auch anderen Menschen das Leben retten konnte. Das war ganz einfach: Er musste heiraten, am besten eine Frau mit Kindern, die sein wertvolles Visum mit ihm teilen konnte. Herberts Vater war zu Beginn des Jahres gestorben, also schien seine Mutter die ideale Person. Das Problem war jedoch, dass Fenyes sich vor Frauen womöglich noch mehr fürchtete als vor dem Wasser und bis dahin ein überzeugter Junggeselle geblieben war. Wie es meinem Vater gelang, ihn zu überzeugen, weiß ich nicht. Dazu kam, dass Herberts Mutter keineswegs darauf erpicht war, so kurz nach dem Tod ihres Mannes jemanden zu heiraten, den sie kaum kannte. Aber schließlich gaben alle nach, und die Ehe wurde geschlossen. Fenyes und seiner neuen „Familie" geschah auch nichts, als sie das Wasser überquerten und sie kamen wenige Monate nach uns wohlbehalten in New York an. Bei dieser Geschichte gab es auch ein trauriges Nebenspiel, das mir Herbert erst viele Jahre später berichtete. In unserer Gruppe gab es auch ein 15-jähriges Mädchen namens Dele Kurzweil, deren Eltern weder ein amerikanisches Visum besaßen noch die Aussicht hatten, eines zu erlangen. Dele hätte gerettet werden können, indem sie sich der „Familie" Fenyes als „Tochter" angeschlossen hätte. Die Kurzweils weigerten sich jedoch, weil sie zusammenbleiben wollten. Alle drei kamen im Holocaust um.

---

1 Der Abdruck der folgenden Zeilen erfolgt mit freundlicher Genehmigung des Böhlau Verlags aus dem Buch Henry O. Leichter, Eine Kindheit. Wien-Zürich-Paris-USA. Aus dem Englischen übersetzt von Susi Schneider, Wien - Köln - Weimar 1995, 139 ff. Wir danken dafür Frau Dr. Eva Reinhold-Weiss.

2 Käthe Leichter. Leben, Werk und Sterben einer österreichischen Sozialdemokratin. Hg. v. Herbert Steiner, Wien 1997; Christian Fleck / Heinrich Berger, Gefesselt vom Sozialismus. Der Austromarxist Otto Leichter (1897 - 1973), Frankfurt/Main 2000.

Bettina Ramp

Trude Speiser: Illegal in Montauban

Die heute in einem Altersheim in der Nähe von Toulouse in Südfrankreich lebende Trude Speiser hatte illegal in Montauban überlebt. In einem Gespräch mit Bettina Ramp berichtete sie im Mai 2000 darüber. Im März 2001 besuchte sie die ganze Gruppe anlässlich unserer Recherchen in Montauban.

Zu Besuch bei Traude Speiser in Muret / Frankreich am 8. März 2001

Trude Speiser wurde 1919 in Wien geboren, wo sie im 19. Bezirk lebte. Während ihrer Ausbildung zur Handelsangestellten lernte sie ihren späteren Mann kennen. Dieser war ebenfalls ein Handelsangestellter und innerhalb der Sozialdemokratischen Partei politisch aktiv. Gleich nach dem „Anschluss" 1938 floh ihr Verlobter, da er Jude und politisch weiterhin innerhalb der Sozialdemokratie aktiv war, nach Frankreich. Trude Speiser folgte ihm nur wenig später nach. Da sie keine Papiere hatte, ging sie illegal über die Grenze. Ihre Eltern, die nichts von ihrer Flucht wussten, ließen sie sogar von der Interpol suchen. Als sie endlich von ihrer Tochter hörten, stimmten sie aber ihrem weiteren Verbleib in Frankreich zu.

In Paris arbeitete Trude Speiser mit ihrem Mann in einem der Kinderheime von Ernst Papanek, wo beide zuerst in der Küche tätig waren. Die Eltern der Heimkinder lebten größtenteils in Paris, meist jedoch in so furchtbaren Wohnungen, dass es für die Kinder besser war, im Heim zu leben und von dort aus auch eine Schule zu besuchen.

Als sich die deutschen Truppen Frankreich bzw. Paris näherten, plante man die Flucht in Richtung Süden. Bei der Ankunft der Truppen wurde ihr Mann interniert und Trude Speiser flüchtete zuerst zu Fuß nach Süden, Richtung Montintin. Dort gab es ein Kloster und für ein paar Tage konnte sie sich hier verstecken. Nachdem ihr Mann freigelassen worden war, begann er seine Frau, von der er zu diesem Zeitpunkt nicht wusste, wo sie sich befand, zu suchen. Durch Hinweise von Freunden fanden sie sich wieder und gingen zusammen nach Montauban. Viele österreichische Sozialdemokraten waren damals nach Montauban geflüchtet. Dort angekommen, suchten sie sich eine Beschäftigung. Sie schlossen sich zu einem Kollektiv zusammen und begannen als Holzarbeiter in der Nähe von Montauban zu arbeiten. Man versuchte damals Holzkohle herzustellen und daraus Treibstoff für Autos zu gewinnen. Viele der Österreicher waren für diese schwere Arbeit nicht geeignet, weshalb manche der österreichischen Holzarbeiter diese Arbeit aufgeben mussten. Ganz anders waren dagegen die Spanier. Herr Speiser bekam bald eine weniger harte Arbeit als Aufseher und Verwalter der Arbeiter. Dennoch war die Tätigkeit anstrengend, musste er doch zu seiner Arbeit täglich viele Kilometer zu Fuß zurücklegen, oft bis zu zwölf Kilometer am Tag. Während dieser Zeit wohnten die Speisers bei Bauern in der Nähe von Montauban. Trude Speiser war damit beschäftigt, den Alltag zu organisieren und die Lebensmittel zu beschaffen. Das war sehr schwierig, denn die Felder waren nicht bestellt, da die meisten Männer im Krieg waren. Es gab kaum männliche Arbeitskräfte am Hof, weswegen die Bauern auch froh waren, wenn Männer bei ihnen lebten.

Im Jahr 1942 gab es auch schon die ersten Razzien in Südfrankreich. Im Sommer 1942 traf Trudes Mann auf seinem Heimweg von der Arbeit einen französischen Polizisten, der im Auftrag der deutschen Polizei arbeitete. Dieser Polizist forderte Herrn Speiser auf, am nächsten Tag nicht zur Arbeit zu gehen, denn die Polizei wolle ihn in der Früh aufsuchen. Dieser Polizist wollte ihn nicht warnen, trotzdem schützte er die Familie Speiser durch seine unbedachte Aussage. Dies war genau der lebensrettende Hinweis für die Familie Speiser, denn jetzt wussten sie , dass sie so schnell wie möglich flüchten mussten. Sie flüchteten daraufhin noch in der Nacht mit einem Laib Brot und etwas Speck in den Wald, nachdem sie zuvor nur noch ein paar andere Freunde verständigt hatten. Bis zu diesem Zeitpunkt hatten sich die Speisers noch nie um Ausreisevisa bemüht. Aber jetzt strebte man diese Möglichkeit an. Man versuchte mit Hilfe von Vertrauten nach Marseille zu gelangen. Nachdem sie Erkundigungen eingeholt hatten, ob am Bahnhof in Montauban Polizei anwesend war, riskierten sie es und nahmen einen Zug nach Marseille. Das war damals bereits ein sehr gefährliches Unterfangen, denn es wurden in den Zügen verstärkt Kontrollen durchgeführt. In Marseille angekommen, trafen sich die Speisers mit Freunden, die schon Ausreisevisa nach Mexiko hatten. Für die USA konnte man zu diesem Zeitpunkt keine mehr bekommen. Die Familie Speiser bemühte sich nun auch um Mexikovisa. Nach der Landung der alliierten Truppen in Nordafrika konnte man jedoch auch nicht mehr nach Mexiko ausreisen. Man war richtig eingekesselt in Marseille. Trude Speiser und ihr Mann wohnten in Marseille in einem Hotel, wobei die Hotelbesitzer und die Angestellten von ihren Problemen wussten und sie vor Razzien warnten. Etwa als sie einmal abends in das Hotel zurückkehrten und zur Rezeption gehen wollten. Da rief die Chefin ihnen zu: „Tout est complet!" (Es gibt keine freien Zimmer mehr.) Daraufhin verließen sie sofort das Hotel. Das war die zweite lebensrettende Warnung für sie, denn an der Hotelrezeption standen Polizisten, die eine Durchsuchung des Hotels durchführten. Durch den Hinweis der Hotelbesitzerin entgingen die Speisers erneut einer Verhaftung.

Da es von Marseille aus jetzt auch keine Fluchtmöglichkeit mehr gab, fuhren die Speisers mit dem Zug wieder zurück nach Montauban. Das war natürlich wieder sehr risikoreich. Sie hatten sich zwar in Marseille wieder neue (gefälschte) Papiere besorgt, aber die waren nach Aussage von Trude Speiser so falsch, dass es jeder Polizist bei einer Kontrolle sofort bemerkt hätte. In Montauban lebten sie nun bis zum Kriegsende illegal an verschiedenen Orten, aber nicht so versteckt wie etwa Anne Frank in Amsterdam. Die Familie Speiser bewegte sich frei im Ort. Sie gingen sogar ins Kino, hatten aber logischerweise nur mit wenigen vertrauten Leuten Kontakt. Es war auch öfters der Fall, dass sie Hinweise von Bekannten erhielten. Sie hatten auch bei der Polizei Vertraute, von denen sie vor möglichen Razzien gewarnt wurden. Sobald sie bemerkten, dass Nachbarn oder irgendwer in ihrer nächsten Umgebung misstrauisch wurde, wechselten sie wieder den Wohnsitz. Natürlich mussten sie jetzt auch während der Zeit der Illegalität etwas arbeiten, denn ihre Ersparnisse waren fast aufgebraucht. Trude Speiser versuchte mit ganz einfachen Hilfsmitteln Espandrillen (offene Sandalen) herzustellen, die von ihrem Mann verkauft wurden. Dabei bekamen sie nicht immer Geld für ihre Produkte, sondern oft auch andere Waren, wie Lebensmittel oder Kleidungsstücke. Einmal saß Trude Speiser in einem Park und fertigte gerade solche Sandalen an, als sie von einem Mann angesprochen wurde. Zuerst hatte sie furchtbare Angst, denn sie dachte, dass dieser Mann ein Polizist sei. Dem war aber nicht so, denn er war Spanier und bot sogar an, ihr bei der Herstellung dieser Espandrillen behilflich zu sein. Dieser Spanier führte eine kleine Produktionsstätte für solche Sandalen. Dort begannen die Speisers nun zu arbeiten. Damit hatten sie ein geregeltes Einkommen und mit dem verdienten Geld konnten sie sich in den nächsten Monaten durchbringen. Sie beschafften sich am Schwarzmarkt Lebensmittel und kauften sich auch Lebensmittelmarken, da ihnen keine zugeteilt wurden.

Nach Kriegsende blieb die Familie Speiser in Montauban. Sie wollte nicht mehr nach Wien zurückkehren: Wien war zerbombt, es gab nichts zu essen. Hingegen konnte man in Montauban erstmals wieder einen Aufschwung bemerken. Sie besuchten zwar regelmäßig ihre Verwandten in Wien, denn die Eltern von Trude Speiser lebten ja noch in Wien. Man brachte auch Lebensmittelpakete zu den Verwandten nach Wien.

Die Speisers gründeten dann ihre eigene Produktionsstätte für Espandrillen. Dies war ein kleiner Familienbetrieb. Später produzierten sie auch Lederwaren, und als dieses Geschäft nicht mehr so lukrativ war, stellten sie auf die Herstellung von Babyschuhen um.

Zum Verhältnis zur Familie Kurzweil

Die Familie Speiser kannte die Familie Kurzweil nicht persönlich. Sie wussten zwar von Listen, dass diese Familie auch in Montauban lebte, es bestand aber kein persönlicher Kontakt zwischen den beiden Familien. Die Speisers wussten nur, dass Bruno Kurzweil zum Leiter der Auslandsvertretung in Montauban bestellt wurde, denn die Kurzweils waren von den vielen österreichischen Familien, die nach Montauban geflüchtet waren, die letzte bekannte und einflussreiche Familie, die noch nicht emigriert war und noch in Montauban lebte. Bruno Kurzweil riet 1942 den in Montauban verbliebenen Familien, sich bei der Polizei zu melden und auch bekannt zu geben, dass man jüdischer Abstammung sei. Denn nur wenn man gemeldet und registriert war, bekam man auch Lebensmittelmarken und Unterstützungen. Jedoch genau dies wurde der Familie Kurzweil zum Verhängnis. Denn so war ihr Aufenthaltsort bekannt, und die Familie konnte ganz leicht ausfindig gemacht und verhaftet werden. Die Familie Speiser folgte damals seinem Rat nicht, sie hielt sich weiter illegal in der Stadt auf und überlebte.

Graz 1900 - 1938

Am 12. November 1918 wurde vom Balkon des Schauspielhauses aus die Proklamation über die „Republik Deutsch-Österreich“ verlesen.

Lisa Gotthard, Bernd Obermaier, Katarina Radman, André Schabler, Nina Wesely

Politisch-historische Hintergründe

Die Steiermark wurde bis 1918 von zwei Instanzen regiert und verwaltet. Zum einen gab es den Steiermärkischen Landtag und den Landesausschuss, welcher der heutigen Landesregierung entspricht und dem ein Landeshauptmann vorstand, und zum anderen gab es auch noch den so genannten Statthalter, der ein Vertreter seiner Exzellenz in den Kronländern war. Als Kronland der österreichischen Reichshälfte hatte die Steiermark keine eigenstaatlichen Rechte oder Qualitäten. Weil aber der Kaiser rechtlich in der Steiermark so gut wie überhaupt nicht in Erscheinung trat, stand die Steiermark unter Selbstverwaltung, und der Landtag nahm in Fragen, die nur die Steiermark betrafen, die oberste Instanz ein.

Bis 1918 war die grüne Mark zudem in 22 Bezirke und vier Statuarstädte – Marburg, Graz, Cilli und Pettau – mit eigenen Rechten unterteilt. Jede Gemeinde der Steiermark bestand aus „Heimatberechtigten“, das waren Leute, die durch Geburt oder Eheschließung, Aufnahme in den Heimatverband oder Erlangung eines öffentlichen Amtes, zur Gemeinschaft des Ortes gehörten, und Fremden.

Gewählt wurde bis 1906 in drei Kurien, in die die Bevölkerung nach ihren Steuerleistungen eingeteilt wurde. Dadurch waren die besitzlosen Arbeiter und Bauern aus dem Wahlgang so gut wie ausgeschlossen. Frauen hatten kein Wahlrecht. Nach der Einführung des allgemeinen und gleichen Männerwahlrechts gab es eine Parteienlandschaft, die von ganz rechts bis ganz links reichte. Die Deutschnationalen lehnten zum Teil die Monarchie aufs Äußerste ab und wollten unbedingt den Anschluss an das deutsche Reich vollziehen. Vor allem in Graz, wo sie sehr stark waren, vertraten sie die Ansicht, dass die steirische Landeshauptstadt die letzte Bastion des Deutschtums im Südosten sei und fürchteten, dass durch die vermehrte Einwanderung der Slowenen dieses Bollwerk zu Fall gebracht werde. Die christlichsoziale Partei avancierte ab der Jahrhundertwende zur Bauernpartei, da die Landbevölkerung hoffte, dass die Christlichsozialen sich ihrer Forderungen annehmen werden, wie dies die Sozialdemokratische Partei für die Arbeiter tat.

Die Sozialdemokraten selbst waren in der Steiermark schon sehr früh zu einer Massenpartei der Arbeiter geworden und hatten 1918 in der Steiermark 21.000 Genossen, die in 120 lokalen Organisationen erfasst waren.

In den letzten Tagen des Ersten Weltkrieges hatte sich in der Steiermark eine provisorische Landesregierung gebildet, deren Ziele primär die Sicherung der Nahrung für die vielen notleidenden Menschen, die Erhaltung von Ruhe und Ordnung – was durch die Gründung von Heimatschutzorganisationen einigermaßen gelang – und die Verhinderung der völligen Abtrennung der Untersteiermark waren. Fast tatenlos mussten jedoch die Politiker nach Kriegsende zusehen, wie der SHS-Staat (Jugoslawien) die Untersteiermark ohne nennenswerte Gegenwehr einnahm.

Nachdem Kaiser Karl auf seinen Anteil an den Staatsgeschäften verzichtet hatte und die demokratische Republik „Deutsch-Österreich“ ausgerufen worden war, trat die Steiermark als „Land Steiermark“ dieser Republik bei.

Zwei große politische Lager, die Sozialdemokraten und die Christlichsozialen, bestimmten die folgenden Jahre innenpolitisch. Nach einer Reihe von Zwischenfällen zwischen den militärischen Verbänden der Parteien, den Heimwehren und dem Republikanischen Schutzbund, kam es im burgenländischen Schattendorf im Jänner 1927 zur Eskalation, als Angehörige der Frontkämpfervereinigung in den Demonstrationszug des Schutzbundes schossen und ein Kind und ein Kriegsinvalide getötet wurden. Nachdem ein Geschworenengericht die Schützen freigesprochen hatte, kam es am 15. Juli 1927 zu einer großen Demonstration der Wiener Arbeiterschaft vor dem Justizpalast, der in Brand gesteckt wurde.

Vor dem Justizpalast, 15. Juli 1927

Auch in der Steiermark kam es zu bürgerkriegsähnlichen Situationen, die vor allem in Aufmärschen und Streiks in großen Betrieben mündeten. Die Politik wurde immer radikaler und die Republik Österreich, wie sich unser Land seit den Verträgen von St. Germain nennen musste, wurde immer wieder durch Straßenschlachten zwischen Heimwehren und Schutzbund erschüttert. Anfang der 30er Jahre kam es zudem immer öfter zu Scharmützeln zwischen Nationalsozialisten und Mitgliedern der sozialistischen „Jugendfront". Am 3. März 1933 beispielsweise versuchte eine Gruppe von Jungsozialisten in der Gegend um die Lazarettgasse die Propagandaplakate durch Bewachen vor mutwilliger Zerstörung durch die Nationalsozialisten zu schützen. Dabei kam es zu einer Auseinandersetzung, wobei der Sozialist Otto Fischer auf der Flucht aus Notwehr einen Schuss gegen die Verfolger abgab. Dabei traf er den SA-Mann Johann Kristandl in die Brust, der noch im Rettungswagen starb. Fischer wurde verhaftet. Durch die gute Verteidigungsstrategie von Dr. Bruno Kurzweil und Dr. Arnold Eisler wurde er nur wegen Notwehrüberschreitung zu sechs Monaten Kerker verurteilt.

Steirischer Heimatschutz rückt zum Putsch vom 13. September 1931 aus

Am 13. September 1931 putschten die Heimatschutztruppen unter ihrem Führer Walter Pfrimer und begannen ihren Marsch auf Wien, der eine Kopie von Mussolinis „Marsch auf Rom" sein sollte. Steirische und oberösterreichische Heimwehrtruppen setzten sich auch wirklich Richtung Wien in Bewegung, doch distanzierten sich die Heimwehren der restlichen Bundesländer sofort vom Putsch, wodurch Pfrimer der Boden unter den Füßen entzogen wurde und er ins Königreich Jugoslawien fliehen musste. Der Putsch war somit gescheitert. Pfrimer floh von Jugoslawien nach Deutschland, kehrte aber bald wieder nach Österreich zurück, wo er wegen Hochverrat angeklagt, jedoch freigesprochen wurde. 1933 trat Pfrimer den Nationalsozialisten bei und wurde nach dem „Anschluss" 1938 Reichstagsabgeordneter in Berlin. In diesem Klima der Radikalisierung der Politik wurde die österreichische NSDAP immer stärker, während die Regierungsparteien, aber auch die Sozialdemokraten immer mehr an Boden verloren. Große Teile des Heimatschutzes traten der NSDAP bei, die bei den Gemeinderatswahlen 1932 in der Steiermark stark zulegen konnten.

Einzelpreis 10 g

Extraausgabe des

Arbeiterwille

Organ des arbeitenden Volkes für Steiermark und Kärnten

Einzelpreis 10 g

Bezugspreis im Monat: 4 Schilling.

Nummer 41 — Graz, Montag, 12. Februar 1934 — 45. Jahrgang

Alarm! Alles heraus zum Endkampf gegen den Faschismus!

Generalstreik in ganz Oesterreich ausgerufen!

Heute früh sollte im Parteihaus in Linz eine Hausdurchsuchung stattfinden. Die Linzer Arbeiter aber ließen sich nicht wehrlos dem Faschismus ausliefern und verteidigten das Parteiheim mit Waffengewalt. Zum Sturm gegen das Parteiheim wurde Bundesheer eingesetzt, gegen das sich die Linzer Schutzbündler heldenmütig wehrten. In Oberösterreich ist spontan der Generalstreik ausgebrochen, daraufhin haben Partei und Gewerkschaften den Generalstreik in ganz Oesterreich proklamiert.

Arbeiter! Angestellte! Republikaner! Sozialisten!

Nun gilt es den Endkampf gegen Dollfuß und seine Faschisten! Den Endkampf gegen Kapitalismus, Wirtschaftsnot und Bedrückung aufzunehmen und zum Siege zu führen.

Der Kampf wird von der Arbeiterklasse mit allen Mitteln und aller Entschlossenheit geführt! Jeder stelle seinen Mann! Jeder gebe sein Letztes her!

Es lebe der Sozialismus! Es lebe die um ihre Freiheitsrechte kämpfende Arbeiterschaft!

Der Parteivorstand der Sozialdemokratischen Partei Oesterreichs!
Der Bundesvorstand der freien Gewerkschaften!

Druckerei „Typographia" – Sämtliche in Graz, Johann-Fefel-Gasse 14. – Verantwortlicher Redakteur Hans Rauch, Johann-Fefel-Gasse 14.

Aufruf zum Generalstreik

Am 4. März 1933 legte Bundeskanzler Engelbert Dollfuß mit der Ausschaltung des Parlaments nach dem Rücktritt der drei Nationalratspräsidenten den Grundstein für die Beseitigung der Demokratie in Österreich, die mit dem am 1. Mai 1934 ausgerufenen Ständestaat, der durch die Idee der Einteilung der Bevölkerung in drei Kultur- und sieben Berufsstände ein Gegenbild zum Sozialismus sein sollte, endete. In der Folge verbot die Regierung unter Dollfuß die nationalsozialistische, die kommunistische und Teile der sozialdemokratischen Partei. Gleichzeitig gründete er ähnlich dem deutschen oder italienischen Vorbild eine Einheitspartei, die „Vaterländische Front".

Der 1933 in Deutschland an die Macht gekommene Adolf Hitler verhängte, durch das Verbot seiner Partei in Österreich verärgert, die „1000-Mark-Sperre" über Österreich. So musste jeder Deutsche bei der Einreise nach Österreich 1000 Reichsmark an Zoll entrichten, was den Transit- und Tourismusverkehr enorm abschreckte, wodurch Hitler eine scharfe Waffe gegen das wirtschaftlich geschwächte Österreich in der Hand hielt.

Folgen der Februarkämpfe 1934

Viele Anschläge, vor allem der illegal organisierten Nazis, erschreckten im Jahr 1933 das Land. Aus diesem Grund wurde im Herbst auch wieder das Standrecht mit Todesstrafe für Mord, Brandstiftung und öffentliche Gewalttätigkeit eingeführt. Am 12. Februar 1934 wurde das Standrecht auch auf Aufruhr erweitert.

Der Grund war, dass bei einer Waffenrazzia in einem Linzer Arbeiterheim sich die dortigen Schutzbündler zur Wehr gesetzt hatten. Dies war der Auslöser zum Februaraufstand, denn der sozialdemokratische Parteivorstand rief zum Generalstreik auf, weshalb es in Teilen Österreichs zu schweren Kämpfen der Regierungstruppen unterstützt von Heimwehren und Gendarmerie gegen den Republikanischen Schutzbund kam. Der Aufstand scheiterte, und die Schutzbündler mussten fliehen. Viele wurden auf der Flucht verhaftet, vor dem Standesgericht angeklagt und einige auch zum Tode verurteilt. Die Sozialdemokratie wurde verboten. Ihre Mitglieder schlossen sich in der Folge den im Untergrund arbeitenden Parteien der Revolutionären Sozialisten, der Kommunisten und z.T. auch der Nationalsozialisten an.

Am 25. Juli 1934 unternahmen die Nationalsozialisten einen Putschversuch, wobei sie als Polizeibeamte und Bundesheersoldaten verkleidet im Bundeskanzleramt Kanzler Dollfuß anschossen, der auf einer Couch verblutete. Der Putsch scheiterte jedoch kläglich, und alle NS-Aufstände in den Bundesländern sowie in Wien wurden niedergeschlagen. Die Putschisten wurden verhaftet, angeklagt und verurteilt. Als Nachfolger Engelbert Dollfuß' wurde Kurt Schuschnigg am 29. Juli 1934 neuer Bundeskanzler des autoritären christlichsozialen „Ständestaats".

Nachdem sich Österreichs Schutzmacht Italien durch den Krieg in Abessinien international isoliert und sich deshalb Deutschland angenähert hatte, musste auch Schuschnigg einen Ausgleich mit Deutschland suchen. Im Juli 1936 schloss er mit Hitler ein Abkommen, das u.a. beinhaltete, dass Österreich seine Außenpolitik mit Deutschland abstimmen müsse. Zugleich musste eine Amnestie der Nationalsozialisten erfolgen, in deren Genuss auch die inhaftierte Linke kam. Auch musste den Nationalsozialisten eine politische Beteiligung eingeräumt werden. Wirtschaftlich brachte es die Aufhebung der 1000-Mark-Sperre. Aus diesem Kniefall der österreichischen Regierung vor dem Dritten Reich schöpften daher die österreichischen Nazis neues Selbstvertrauen. Durch das Berchtesgadener Abkommen vom 12. Februar 1938 kam es schließlich dazu, dass die NSDAP sich legal im Rahmen der Gesetze betätigen durfte und Arthur Seyß-Inquart als neuer, der NSDAP angehörender Innen- und Sicherheitsminister eingesetzt wurde. In der folgenden Zeit gab es viele nationalsozialistische Kundgebungen, Hakenkreuze wurden allerorts aufgehängt und zur Schau gestellt und erste Sachbeschädigungen an jüdischen Geschäften verübt. In diese Phase setzte Schuschnigg überraschend am 9. März eine Volksbefragung für den 13. März an, wonach die Bevölkerung entscheiden sollte, ob sie „für ein freies, deutsches, unabhängiges und soziales, für ein christliches und einiges Österreich" sei. Unter dem Druck des Einmarsches deutscher Truppen sagte Schuschnigg diese am Abend des 11. März ab und trat zurück. Noch in derselben Nacht übernahmen die Nationalsozialisten die Macht. Am nächsten Tag marschierten deutsche Truppen in Österreich ein und für unser Land begann eines der dunkelsten Kapitel seiner Geschichte.

Einmarsch der deutschen Truppen in Graz 1938

Jüdisches Leben in Graz

Die Wurzeln der ersten, in Graz ansässigen Juden reichen bis ins 12. Jahrhundert zurück. Doch nach der Ausweisung der Juden aus der Steiermark und dem so genannten Niederlassungsverbot am Ende des 15. Jahrhunderts entstand erst wieder in den sechziger Jahren des 19. Jahrhunderts eine jüdische Gemeinde. Die Zuwanderer stammten hauptsächlich aus Westungarn bzw. Böhmen und Mähren. Zu ihnen gehörten auch die Familien Kurzweil und Tramer, die aus den böhmischen Städten Josefstadt und Oderberg stammten.

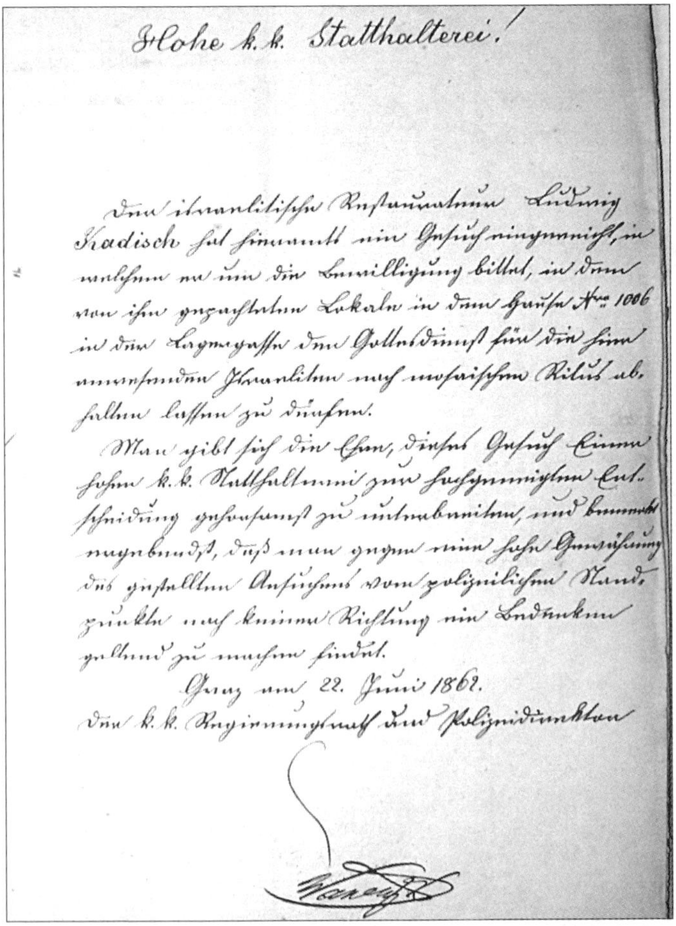

Hohe k.k. Statthalterei!

Der israelitische Restaurateur Ludwig Kadisch hat hieramts ein Gesuch eingereicht, in welchem er um die Bewilligung bittet, in dem von ihm gehaltenen Lokale in dem Hause No 1006 in der Lagergasse den Gottesdienst für die hier anwesenden Israeliten nach mosaischem Ritus abhalten lassen zu dürfen.

Man gibt sich die Ehre, dieses Gesuch Einer hohen k.k. Statthalterei zur hochgeneigten Entscheidung gehorsamst zu unterbreiten, und bemerkt ergebenst, daß man gegen eine hohe Genehmigung des gestellten Ansuchens vom polizeilichen Standpunkte nach keiner Richtung ein Bedenken geltend zu machen findet.

Graz am 22. Juni 1862.

Der k.k. Regierungsrath und Polizeidirektor

Das Ansuchen des Ludwig Kadisch um Genehmigung der Abhaltung jüdischer Gottesdienste in seinem Speisehaus wurde 1862 genehmigt.

Eine tragende Rolle in der Grazer jüdischen Gemeinde spielte der Gastwirt Ludwig Kadisch. Dieser suchte um die Genehmigung zur Abhaltung jüdischer Gottesdienste an. Im Jahr 1862 wurde den Juden erstmals die Erlaubnis erteilt, private Andachten abzuhalten. Ab dem Jahr 1865 verfügten die Grazer Juden für ihre Gottesdienste über einen fixen Raum im „Coliseum". Die Anmietung des Betsaales hatte die im Jahr 1863 gegründete „Grazer Israelitische Corporation" ermöglicht. Diese begründete auch das Fundament für die weitere Entwicklung und gesellschaftliche Ausdifferenzierung der jüdischen Gemeinde in Graz.

Die Grazer Synagoge wurde 1892 erbaut.

In den siebziger Jahren begann die Grazer jüdische Gemeinde – die auch in dieser Zeit die größte Zuwachsrate zu verzeichnen hatte (im Jahr 1880 bereits 1200 Mitglieder) ein vielgestaltiges, gesellschaftliches Leben zu entfalten. Zahlreiche Vereinsgründungen waren kennzeichnend für diese Entwicklung. Die Fertigstellung und Einweihung der Synagoge am 14.09.1892 bildete einen markanten Höhepunkt in der Geschichte der Grazer Juden. Zeitgleich wurde auch das Amtshaus und bald darauf auch die Zeremonienhalle auf dem israelitischen Friedhof in Wetzelsdorf fertig gestellt.

Diese bildeten nun die „Eckpfeiler" des jüdisches Lebens in Graz. Die Synagoge und das Amtshaus waren nicht zufällig am Grieskai erbaut worden. Die Bezirke Lend und Gries, die sogenannte „Murvorstadt", zählten zu den bevorzugten Wohngebieten der Grazer Juden. Hier hatten sich schon nach 1848/49 bzw. offiziell 1861 die ersten zugewanderten Juden angesiedelt.

Im Zeitraum von 1910 bis 1934 ging die Größe der jüdischen Gemeinde drastisch zurück. Das ist darauf zurückzuführen, dass nach 1918/19 kaum mehr Zuzüge von Juden vorkamen. Weiters übertrafen die jährlichen Sterbefälle die Geburtenrate. Hinzu trat noch eine beachtliche Zahl an Austritten – auch die Kurzweils sind in diesen Jahren aus der israelitischen Kultusgemeinde ausgetreten.

Im beruflichen Bereich waren die Grazer Juden vorwiegend im Handel und in akademischen Berufen vertreten, wobei sie im Bereich Handwerk und Gewerbe wenig bis gar nicht repräsentiert waren.

Antisemitismus bereits in der Frühphase der Ersten Republik

Zunehmender Antisemitismus in Graz und die jüdische Reaktion

In den Zwanzigerjahren des 20. Jahrhunderts sah sich die Grazer Judenschaft in zunehmendem Maße mit antisemitischen Manifestationen konfrontiert. Schon zu dieser Zeit fanden dramatische Auseinandersetzungen und judenfeindliche Übergriffe statt. Den frühen Nationalsozialisten und der nationalen Studentenschaft der Universität Graz kam dabei zentrale Bedeutung zu.

Von Juni bis Dezember 1926 befand sich die Redaktionsleitung der 1924 in Berlin gegründeten Wochenzeitung „Hakenkreuzler" in Graz. Weiters erschienen bereits das NS-Wochenblatt „Michel" und seine bebilderte Ausgabe „Kleiner Michel" in Graz. Diese antisemitischen Hetzblätter waren alle im Stile des Streicherschen Stürmers verfasst. Auch die auflagenstarke und massenwirksame Grazer Tageszeitung „Tagespost" trug zur Konstruktion einer antisemitischen öffentlichen Meinung bei.

Die ökonomischen Auswirkungen der Weltwirtschaftskrise, der auch dadurch erfolgte Zustrom vieler Wähler zur NSDAP und das daraus resultierende Wachstum der Nationalsozialisten zur Massenbewegung in Österreich ab 1932/33 trugen wesentlich zur zunehmenden Radikalisierung der Judenfeindlichkeit bei.

Die Grazer Juden reagierten auf die Bedrohung, Anfeindung und Ausgrenzung in eher defensiver Weise. Sie konzentrierten sich mehr auf den Erhalt alter und die Bildung neuer Organisationen und Vereine, wobei vor allem den Zionisten eine zentrale Rolle zukam. Nach der Machtergreifung Hitlers im Jänner 1933 begannen die Grazer Zionisten die Auswanderung einiger Juden nach Palästina konkret zu fördern und zu organisieren.

Die Zerstörung der jüdischen Gemeinde von Graz

Nach dem Berchtesgadener Abkommen vom 12. Februar 1938 zwischen Schuschnigg und Hitler steigerte sich die Anzahl der Demonstrationen der Nationalsozialisten enorm, und diese waren bereits mit Gewaltakten gegen die jüdische Bevölkerung gekoppelt. Nach dem Rücktritt Schuschniggs und der beginnenden Annexion und Gleichschaltung Österreichs setzten auch die ersten Terror- und Inhaftierungswellen ein.

In den ersten Wochen nach dem Anschluss wurden bereits alle Vorstandsmitglieder der IKG Graz und weitere prominente Vertreter des Grazer Judentums verhaftet. Weitere Maßnahmen, welche das Alltagsleben der jüdischen Bevölkerung von Graz drastisch einengten, wurden getroffen:

- Geschäftsstörungen durch Markieren jüdischer Geschäfte mit antisemitischen Parolen und dem „Judenstern"

- Plünderungen jüdischer Wohnungen
- „Arisierung" von jüdischem Besitz
- Ausgehverbote für Juden zu bestimmten Zeiten
- Aussperrung von Juden aus Geschäften und Kaffeehäusern
- Konfiszierung von Autos

Parallel zu diesen Ausschreitungen setzten auch behördliche Maßnahmen zur Eliminierung der Juden aus der Berufswelt und dem öffentlichen Leben ein. Diese Maßnahmen sollten sie zur Emigration zwingen und ihnen die Existenzgrundlage entziehen:

- Entlassung aller jüdischen Beamten am 15. März 1938
- Schächtverbot am17. März 1938
- Entfernung aller jüdischen Schüler aus den öffentlichen Schulen
- Einrichtung der so genannten Vermögensverkehrsstelle zur Liquidierung jüdischer Betriebe
- Verbot für alle Juden, öffentliche Bäder zu besuchen, im Mai 1938
- Berufsverbot für jüdische Ärzte am 15. Juli 1938
- Auflösung der jüdischen Vereine und Transformation der IKG Graz in eine private Vereinigung.

Abtransport steirischer Juden vom Bahnhof Graz am 29. April 1939

Im Zeitraum von März bis Anfang November 1938 emigrierten 417 Grazer Juden nach Palästina. Die Flucht wurde von den Kultusgemeinden Graz und Wien organisiert. Die Grazer Kultusgemeinde stand dabei unter massivem Druck der örtlichen NS-Behörden – die Auswanderung der Grazer Juden sollte bis Ende 1938 abgeschlossen sein.

Der Auswanderung ging jedoch die völlige Ausplünderung der Juden voraus; die jüdischen Bürger mussten eine sogenannte „Reichsfluchtsteuer“ sowie Judenabgaben zahlen, ihre Wohnungen aufgeben und eine Vollmacht über allfällige Bankkonten erteilen.

Trauriger Höhepunkt der Gewalt im Jahr 1938 war die so genannte „Reichskristallnacht“ am 9./10. November 1938, welche als Vergeltungsaktion für die Ermordung des deutschen Botschaftssekretärs Rath in Paris durch den polnischen Juden Grynspan organisiert und durchgeführt wurde. Am frühen Morgen des 10. November ging die Synagoge in Flammen auf. Auch die Zeremonienhalle auf dem Friedhof in Wetzelsdorf wurde geplündert und zerstört. Rund 300 männliche Grazer Juden wurden in dieser Nacht festgenommen und nach Dachau ins Konzentrationslager abtransportiert.

Nach dem Novemberpogrom 1938 befanden sich von den einst 2000 nur mehr 900 Juden in Graz. Für diese sollte es immer schwieriger werden, außer Landes zu kommen, da die Aufnahmeländer ihre Einreisebestimmungen immer mehr verschärften. Während die Mitglieder der Grazer Israelitischen Kultusgemeinde in vielen Ländern von Shanghai bis USA und von Schweden bis Angola Aufnahme fanden, wurden die letzten noch in Graz lebenden Juden 1940 über Wien nach Theresienstadt und in die Vernichtungslager deportiert und ermordet. Viele jüdische Flüchtlinge, die 1938/39 dem nationalsozialistischen Staat entkommen waren, wie etwa die Familie Kurzweil, wurden jedoch von den Nationalsozialisten eingeholt und ermordet.

Flucht nach Frankreich 1938 - 1942

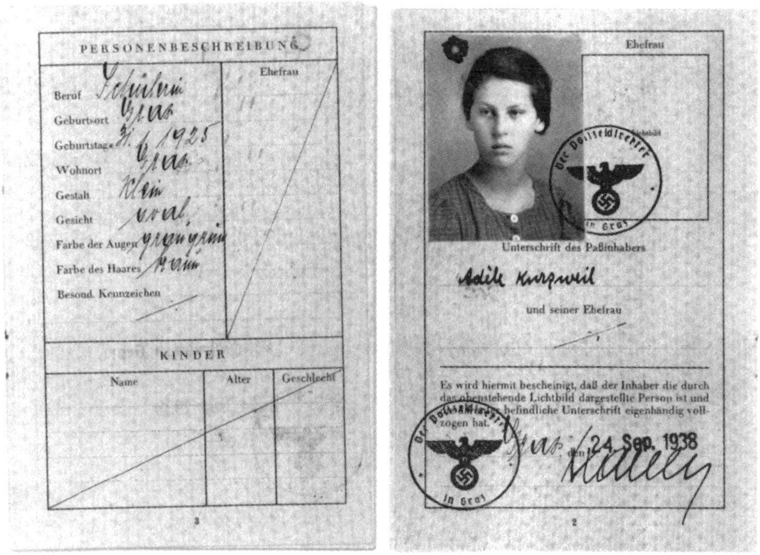
PERSONENBESCHREIBUNG

Beruf
Geburtsort
Geburtstag
Wohnort
Gestalt
Gesicht
Farbe der Augen
Farbe des Haares
Besond. Kennzeichen

Ehefrau

KINDER

Name	Alter	Geschlecht

3

Ehefrau

Unterschrift des Paßinhabers

Adele Kurzweil

und seiner Ehefrau

Es wird hiermit bescheinigt, daß der Inhaber die durch das obenstehende Lichtbild dargestellte Person ist und die darunter befindliche Unterschrift eigenhändig vollzogen hat.

den 24. Sep. 1938

2

Reisepass von Adele Kurzweil

Julian Ausserhofer, Birgit Stoiser, Tanja Rumpold,
Elena Teibenbacher

Die österreichische Emigration in Frankreich

Die allgemeinen Lebensbedingungen österreichischer Emigranten

Unmittelbar nach der Annexion Österreichs 1938 rollte die erste Flüchtlingswelle auf Frankreich zu. Frankreich galt zu diesem Zeitpunkt als Asylland und als Land der Hoffnung, denn die französischen Behörden hatten bis dato keinen einzigen Flüchtling abgeschoben.

Nach dem Fall der Volksfrontregierung unter Léon Blum änderte sich jedoch die Flüchtlingspolitik, sodass ab April 1938 die Einreise nach Frankreich nur mehr mit einem Visum möglich war. Doch es war nicht allzu schwer, eine Einreiseerlaubnis zu bekommen, und selbst bei illegaler Einreise wurde man vorerst nicht abgeschoben. Die Flüchtlinge mussten als einziges Zeichen ihrer Ablehnung gegen das NS-Regime ihre österreichischen Pässe abgeben und keine neuen deutschen beantragen.

Reisepass von Adele Kurzweil

Im Jahr 1938, Anfang Dezember, versetzte die französische Regierung den Flüchtlingen einen harten Schlag: Alle Einwanderer, egal welcher Nation, wurden als Staatenlose angesehen. Das hatte für die Flüchtlinge schwere Folgen: sie fanden kaum mehr Arbeit; der Innenminister konnte jederzeit den Aufenthalt in gewissen „Departements“ verbieten und auch Abschiebungen waren möglich.

Bald schon nach der Annexion Österreichs wurde in Paris die „Zentralvereinigung Österreichischer Emigranten" (ZV) gegründet. Diese Organisation, in der alle wichtigen Exilgruppen vertreten waren, arbeitete mit vielen französischen und internationalen Hilfsorganisationen zusammen und half österreichischen Flüchtlingen – auch den illegal Eingewanderten – bei den französischen Behörden oder bei der Arbeitsfindung.

Nach der Kriegserklärung vom 3. September 1939 bildeten sich in ganz Frankreich lange Schlangen von Franzosen und Ausländern vor den Rekrutierungsbüros, die sich freiwillig zum Kriegsdienst meldeten. Arbeit war rar, und deswegen suchte jeder eine Beschäftigung, um sich ernähren zu können. Am 4. September 1939 wurde überall bekannt gemacht, dass „Männer des deutschen Reiches" – also auch die von den Nazis geflüchteten Österreicher – zwischen 17 und 65 Jahren sich an einem für jedes Departement angegebenen Ort einzufinden hätten. Diese Proklamation betraf ca. 5000 österreichische und 14.000 deutsche Flüchtlinge. Frauen waren von dieser „Regelung" ausgeschlossen. Meistens hatten sich die Flüchtlinge in Stadien oder in aufgelassenen Fabriken einzufinden. Die hygienischen Zustände dort waren katastrophal, und es herrschte ein administratives Chaos.

Einen Einblick in dieses Chaos gab der deutsche Schriftsteller Alfred Kantorowicz, der gemeinsam mit dem Schriftsteller Lion Feuchtwanger und Hunderten anderen Emigranten interniert worden war:

Da sind die Tschechen, die darauf hinweisen, dass sie Verbündete Frankreichs sind; da ist ein besonders aufgeregter und eindringlicher Emigrant aus Danzig, der bis zum Überdruss wiederholt, dass dieser Krieg ja schließlich und endlich wegen Danzig begonnen habe. Da sind Fremdenlegionäre, die die Brust voller französischer Orden und Ehrenzeichen haben und nach ihrer langen Dienstzeit in der Legion Frankreich als ihr Heimatland betrachten. Da ist ein Elsässer, der nie in Deutschland war und kaum deutsch sprechen kann. Seine beiden Brüder dienen in der französischen Armee. Da sind Deutsche, die seit zehn oder fünfzehn Jahren in Frankreich leben, mit französischen Frauen verheiratet sind, französische Kinder haben. Da sind Emigranten, zumeist natürlich Juden, aber auch eine Anzahl von nichtjüdischen Nazigegnern, unter uns solche, die längst offiziell ausgebürgert, d.h. der deutschen Staatsangehörigkeit verlustig erklärt worden sind und daraufhin eine Art französischen Fremdenpass erhalten haben.

Von den Sammellagern (den Stadien und Fabriken) aus wurden die Männer dann in Internierungslager gebracht. Auch hier wurde wieder die Zentralvereinigung Österreichischer Emigranten aktiv; sie konnte nach zähen Verhandlungen erreichen, dass das Höchstalter der österreichischen Internierten von 65 Jahren auf 48 herabgesetzt wurde. Bis Mitte Jänner 1940 wurden viele der „politisch Unverdächtigen" wieder freigelassen. Wer in der Folge kein Übersee-Visum bekam, konnte sich für den Arbeitsdienst melden oder in die Fremdenlegion eintreten.

Nachdem Hitler bis nach Paris vorgedrungen war und die französische Regierung mit ihm ein Waffenstillstandsabkommen ausverhandelt hatte (Juni 1940), begann eine neuerliche Internierungswelle. Viele Menschen wurden auf Verlangen der Nationalsozialisten von französischen Behörden verhaftet und der Gestapo ausgeliefert. Unter diesen Leuten befanden sich auch prominente Personen wie der ehemalige deutsche Finanzminister Rudolf Hilferding oder der Vorsitzende der sozialdemokratischen Reichtagsfraktion Rudolf Breitscheid.

Während der sechs Monate, die der Unterzeichnung des Waffenstillstandsabkommen folgten, weigerte sich das französische Innenministerium, den österreichischen und deutschen Emigranten – von ganz wenigen Ausnahmen abgesehen – Ausreisevisen zu erteilen. Das Innenministerium wollte zuerst noch die Auslieferungslisten der Deutschen abwarten. Hunderte von Emigranten, die bereits reguläre Einreisevisen für Amerika hatten, wurden auf diese Weise an der legalen Ausreise aus Frankreich gehindert. Mit Hilfe von Hilfskomitees gelangten Dutzende Emigranten illegal über die französische Grenze und so in Sicherheit.

Während der Norden Frankreichs von den Deutschen besetzt wurde, öffneten einige Lagerkommandanten im unbesetzten südlichen Teil Frankreichs ihre Internierungslager auf eigene Initiative. So konnten viele Menschen entkommen und aus Frankreich ausreisen.

Die Situation für die im Süden Frankreichs Lebenden verschärfte sich ab dem Jahr 1941. Nun setzte auch hier die nationalsozialistische Judenpolitik mit der Unterstützung der Vichyregierung und der französischen Polizei ein. Razzien und Massenverhaftungen standen auf der Tagesordnung. Noch bevor die Deutsche Wehrmacht in Südfrankreich einmarschierte, wurden zigtausende ausländische Juden in Internierungslagern angehalten und den Deutschen übergeben, die sie in die Vernichtungslager nach Auschwitz deportierten und ermordeten.

Die österreichischen Sozialisten

Es gab in Frankreich drei politische Exilgruppierungen aus Österreich, die über eine nennenswerte Zahl an Mitgliedern verfügten: Sozialisten, Kommunisten und die Legitimisten. Im nachfolgenden Text wird hauptsächlich auf die Gruppe der Sozialisten eingegangen.

Im Frühjahr 1938, bald nach der Annexion, entwickelte sich Paris zum Zentrum der sozialistischen Emigranten. Otto Bauer übersiedelte nach Paris, wo sich bereits Joseph Buttinger und Julius Deutsch aufhielten. Sie gründeten gemeinsam die „Auslandsvertretung der österreichischen Sozialisten“, Joseph Buttinger wurde Obmann und Otto Bauer gab die Zeitung der „Sozialistische Kampf“ heraus. Die Aufgabe dieses Vertretungsbüros war: das Ausland über den Hitler-Faschismus in Österreich zu informieren.

Am 4. Juli 1938 starb Otto Bauer. Nach einer großen Gedenkfeier, an der angesehene Politiker aus ganz Europa teilnahmen, entbrannte der alte interne Machtkampf, den Friedrich Adler gegen Julius Deutsch für sich entschied.

Gedenkkundgebung am Grab Otto Bauers am 30.4.1939 mit den „Roten Falken“ im Vordergrund

Die Sozialisten versuchten zum Teil gemeinsam mit den Kommunisten zu arbeiten. Aber es kam auf Grund unterschiedlicher Standpunkte in der Frage Österreichs nur sehr schwer und mühselig zu einer Zusammenarbeit zwischen den Parteien. Der Nichtangriffspakt zwischen Nazideutschland und der Sowjetunion 1939 verschärfte jedoch wieder den Ton zwischen den Kommunisten und Sozialisten.

Als die deutschen Truppen in Paris einmarschierten, beschloss man, die Stadt zu verlassen. Julius Deutsch schrieb in seinen Lebenserinnerungen dazu:

Die Auslandsvertretung der österreichischen Sozialisten beschloss, ihren Sitz in eine Stadt im Süden von Frankreich zu verlegen und beauftragte Friedrich Adler und mich, die erforderlichen Verhandlungen mit den französischen Behörden zu führen. Nach einigen Beratungen mit dem Sektionschef Combes im

Ministerium des Inneren wurde uns die Stadt Montauban in der Nähe von Toulouse als neuer Aufenthaltsort zugewiesen.

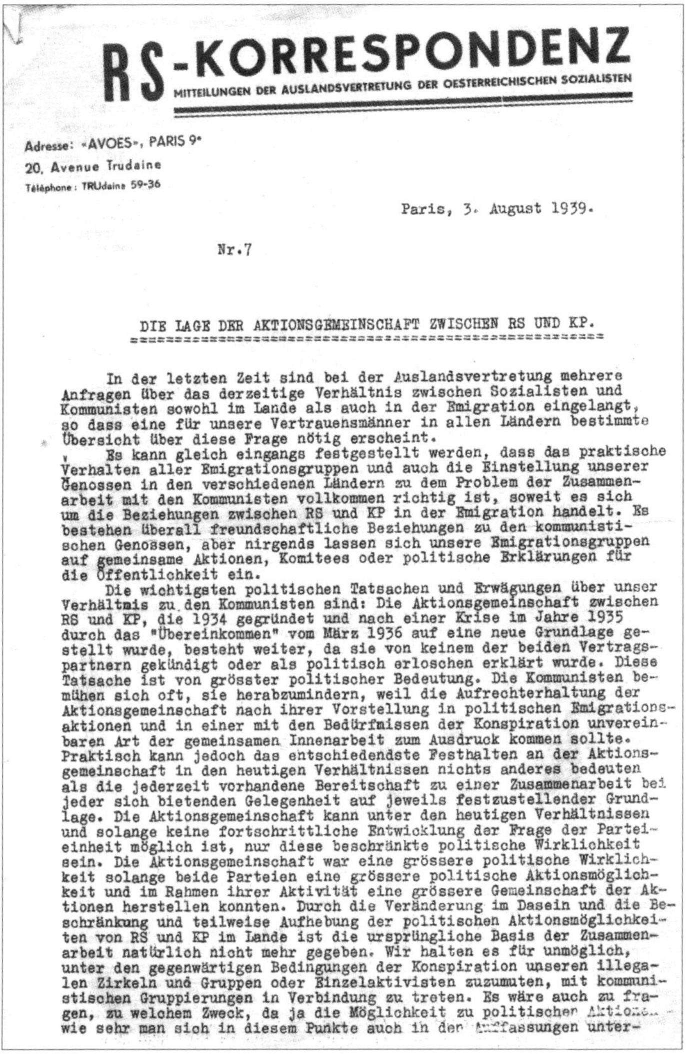

RS-KORRESPONDENZ

MITTEILUNGEN DER AUSLANDSVERTRETUNG DER OESTERREICHISCHEN SOZIALISTEN

Adresse: «AVOES», PARIS 9e
20, Avenue Trudaine
Téléphone: TRUdaine 59-36

Paris, 3. August 1939.

Nr.7

DIE LAGE DER AKTIONSGEMEINSCHAFT ZWISCHEN RS UND KP.

In der letzten Zeit sind bei der Auslandsvertretung mehrere Anfragen über das derzeitige Verhältnis zwischen Sozialisten und Kommunisten sowohl im Lande als auch in der Emigration eingelangt, so dass eine für unsere Vertrauensmänner in allen Ländern bestimmte Übersicht über diese Frage nötig erscheint.

Es kann gleich eingangs festgestellt werden, dass das praktische Verhalten aller Emigrationsgruppen und auch die Einstellung unserer Genossen in den verschiedenen Ländern zu dem Problem der Zusammenarbeit mit den Kommunisten vollkommen richtig ist, soweit es sich um die Beziehungen zwischen RS und KP in der Emigration handelt. Es bestehen überall freundschaftliche Beziehungen zu den kommunistischen Genossen, aber nirgends lassen sich unsere Emigrationsgruppen auf gemeinsame Aktionen, Komitees oder politische Erklärungen für die Öffentlichkeit ein.

Die wichtigsten politischen Tatsachen und Erwägungen über unser Verhältnis zu den Kommunisten sind: Die Aktionsgemeinschaft zwischen RS und KP, die 1934 gegründet und nach einer Krise im Jahre 1935 durch das "Übereinkommen" vom März 1936 auf eine neue Grundlage gestellt wurde, besteht weiter, da sie von keinem der beiden Vertragspartnern gekündigt oder als politisch erloschen erklärt wurde. Diese Tatsache ist von grösster politischer Bedeutung. Die Kommunisten bemühen sich oft, sie herabzumindern, weil die Aufrechterhaltung der Aktionsgemeinschaft nach ihrer Vorstellung in politischen Emigrationsaktionen und in einer mit den Bedürfnissen der Konspiration unvereinbaren Art der gemeinsamen Innenarbeit zum Ausdruck kommen sollte. Praktisch kann jedoch das entschiedendste Festhalten an der Aktionsgemeinschaft in den heutigen Verhältnissen nichts anderes bedeuten als die jederzeit vorhandene Bereitschaft zu einer Zusammenarbeit bei jeder sich bietenden Gelegenheit auf jeweils festzustellender Grundlage. Die Aktionsgemeinschaft kann unter den heutigen Verhältnissen und solange keine fortschrittliche Entwicklung der Frage der Parteieinheit möglich ist, nur diese beschränkte politische Wirklichkeit sein. Die Aktionsgemeinschaft war eine grössere politische Wirklichkeit solange beide Parteien eine grössere politische Aktionsmöglichkeit und im Rahmen ihrer Aktivität eine grössere Gemeinschaft der Aktionen herstellen konnten. Durch die Veränderung im Dasein und die Beschränkung und teilweise Aufhebung der politischen Aktionsmöglichkeiten von RS und KP im Lande ist die ursprüngliche Basis der Zusammenarbeit natürlich nicht mehr gegeben. Wir halten es für unmöglich, unter den gegenwärtigen Bedingungen der Konspiration unseren illegalen Zirkeln und Gruppen oder Einzelaktivisten zuzumuten, mit kommunistischen Gruppierungen in Verbindung zu treten. Es wäre auch zu fragen, zu welchem Zweck, da ja die Möglichkeit zu politischen Aktionen ... wie sehr man sich in diesem Punkte auch in den Auffassungen unter-

Die Auslandsvertretung der österreichischen Sozialisten gab eine unregelmäßig erscheinende Zeitung heraus.

Die prominenten führenden Persönlichkeiten der österreichischen Sozialisten waren nun zu gefährdeten Flüchtlingen geworden, die den von Hitler besetzten Kontinent so schnell wie möglich verlassen mussten. Während sich viele in die USA bzw. nach Großbritannien begaben, blieb eine kleine Gruppe von Sozialisten weiterhin in Montauban, da sie keine Visa bekamen. Der Leiter der „Auslandsvertretung der österreichischen Sozialisten" in Montauban war ab 1940 Dr. Bruno Kurzweil.

Bruno Kurzweil 1941

Die Flucht der Familie Kurzweil

Paris – Montmorency

Nach der Flucht der Familie Kurzweil aus Graz gelangte sie über die Schweiz nach Paris, wo sie sich in Paris behördlich meldeten und im Oktober 1938 ein „certificat de domicile“ erhielten. Zu Weihnachten 1938 wurde von österreichischen Sozialdemokraten in Paris eine Rote-Falken-Gruppe mit dem Namen „Freundschaft“ unter der Leitung von Marianne Pollak und Erna Sailer gebildet. Diese traf sich regelmäßig im Büro der „Auslandsvertretung der österreichischen Sozialisten“. Sonntags gab es gemeinsame Ausflüge, auf denen meistens sozialdemokratische Lieder gesungen wurden. Auch Adele Kurzweil schloss sich den Roten Falken in Paris an und verbrachte gemeinsam mit anderen im Sommer 1939 einige Zeit in der „Auberge de la Jeunesse“ im südlichen Pariser Vorort Plessis-Robinson. Nach Kriegsbeginn wurde Bruno Kurzweil im „Camp d´Etrangers de Meslay-du-Maine“ interniert, während Adele in das Kinderheim Villa Helvetia nach Montmorency kam, das unter der Leitung von Ernst Papanek stand. Nicht alle Kinder der Gruppe Freundschaft waren Juden, alle jedoch Kinder verfolgter Sozialdemokraten. Nach dem Einmarsch der Deutschen in Paris flohen die meisten Kinder nach Südfrankreich in die unbesetzte Vichy-Zone (so genannt, weil sie von Vichy aus regiert wurde).

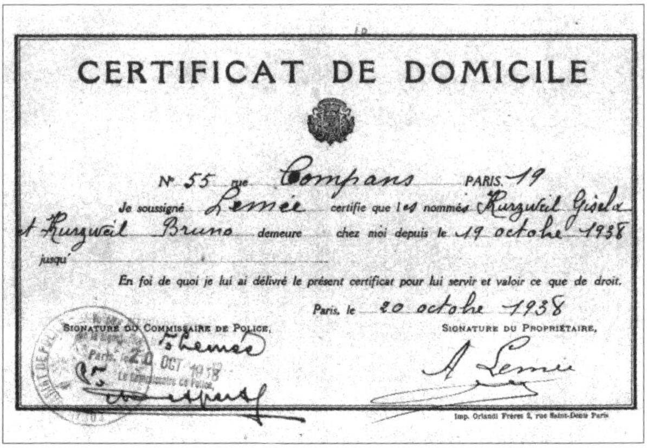
CERTIFICAT DE DOMICILE

N° 55 rue Compans PARIS 19

Je soussigné Lemée certifie que les nommés Kurzweil Gisela et Kurzweil Bruno demeure chez moi depuis le 19 octobre 1938

jusqu'

En foi de quoi je lui ai délivré le présent certificat pour lui servir et valoir ce que de droit.

Paris, le 20 octobre 1938

Signature du Commissaire de Police, — Signature du Propriétaire,

Imp. Orlandi Frères 2, rue Saint-Denis Paris

Die erste Wohnadresse der Familie Kurzweil in Paris

Die Kinder von Montmorency

Als das Kinderheim 1940 von deutschen Soldaten überfallen wurde, waren jene Kinder, deren Eltern nach Frankreich geflohen waren, entweder bereits in der freien Zone oder auf dem Weg in die USA. Von den Kindern, die in das Kinderheim nach Montintin südlich von Limoges geflohen waren, wurden im August 1942 an die 100 in zwei Waggons Richtung Auschwitz deportiert. Ein Waggon davon konnte von Widerstandskämpfern aufgehalten und befreit werden; die Insassen des anderen kamen jedoch, bis auf einen, im KZ ums Leben.

Auch viele andere wurden während der großen Juden-Razzien von 1942 gefangengenommen. Schuld daran war nicht zuletzt der berüchtigte Artikel 19 des Waffenstillstandsabkommens zwischen Deutschland und Vichy-Frankreich. Gemäß diesem Artikel war *die französische Regierung verpflichtet, alle in Frankreich sowie in den französischen Besitzungen befindlichen Deutschen, die von der deutschen Reichsregierung namhaft gemacht werden, auf Verlangen auszuliefern*.

Die Mädchen von Montmorency, Herbst 1939

Die in die Südzone geflohenen Juden hatten sich zu Unrecht auf die von Pétain proklamierte französische Souveränität verlassen. Sie haben sich der todbringenden Illusion von Sicherheit hingegeben. Daher ist es auch erklärlich, dass sie mit überwiegender Mehrheit die von der französischen Regierung durchgeführte Zählung der jüdischen Bevölkerung akzeptiert haben. Diese war jedoch die wichtigste Voraussetzung zur Vorbereitung der Deportation der Juden in die Vernichtungslager.

Ein Briefwechsel

Aus der Zeit, in der Adele auf Ferienlager in der Jugendherberge im Pariser Vorort Plessis-Robinson war und der Zeit, in der sie im Kinderheim „Villa Helvetia“ in Montmorency war, sind die Briefe, die Gisela Kurzweil an ihre Tochter Adele geschickt hat, erhalten.

Aus diesen Briefen geht hervor, dass ihr Vater im September 1939 im Zusammenhang mit der Internierung der „sujets ennemis“, der „feindlichen Ausländer“, in das Lager Meslay-du-Maine gebracht wurde. Es bestand sogar die Befürchtung, dass auf Grund der im Herbst 1938 getroffenen gesetzlichen Maßnahmen Gisela Kurzweil von Paris weg in die Provinz geschickt werden könnte. In mehreren Briefen an Adele berichtete die Mutter, dass sie bei der Präfektur wieder die Genehmigung für einen Monat Aufenthalt in Paris bekommen habe (26.9.1939; 10.10.1939; und mehrmals ohne Datum). Die Mutter besuchte die Tochter, die sehr unglücklich im Kinderheim gewesen sein dürfte, regelmäßig am Wochenende. Daneben schrieb sie ihr ein- bis zweimal in der Woche eine Karte bzw. einen Brief, in dem sie ihr einerseits Mitteilungen über den Vater und anderseits auch über ihr Leben in Paris machte. Sie berichtete in den Briefen, dass die Auslandsleitung der Sozialdemokratie sie unterstütze und dass sie sich mit verschiedenen Genossen und Genossinnen treffe, von denen sie nur Otto Leichter namentlich nennt. Diese Genossen versicherten ihr, dass Bruno Kurzweil noch vor Weihnachten 1939 wieder in Paris sein werde.

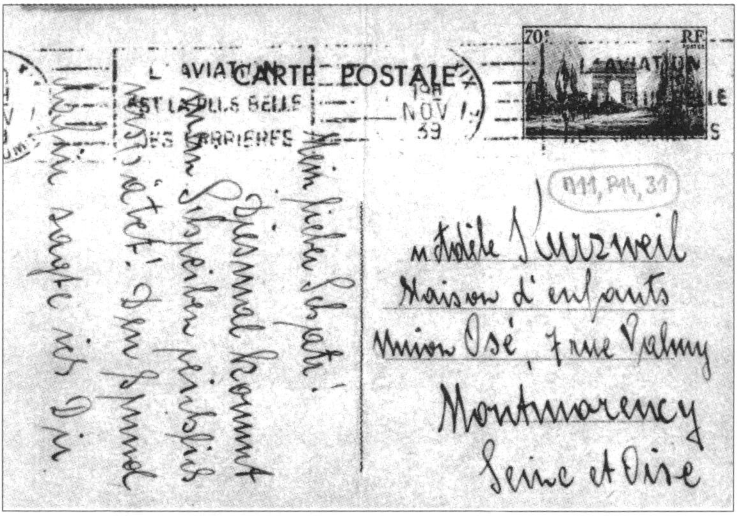

Zwischen Gisela Kurzweil und ihrer Tochter Adele gab es einen regen Briefverkehr.

Der Briefwechsel dokumentiert aber auch das unglückliche Leben der Tochter in dem Heim. Alles scheint auf das Wochenende mit der Mutter hin ausgerichtet zu sein.

Auch nachdem der Vater im Februar 1940 wieder freigelassen worden war, änderte sich wenig am Ablauf; außer dass nun Bruno Kurzweil seine Tochter mahnt, besser zu lernen. Auch endeten die Briefe jetzt mit dem Optimismus versprühenden Satz: „Obendrein nichts Neues bei uns aber viel in der Welt. Trotzdem bin ich überzeugt, es wird alles gut werden."

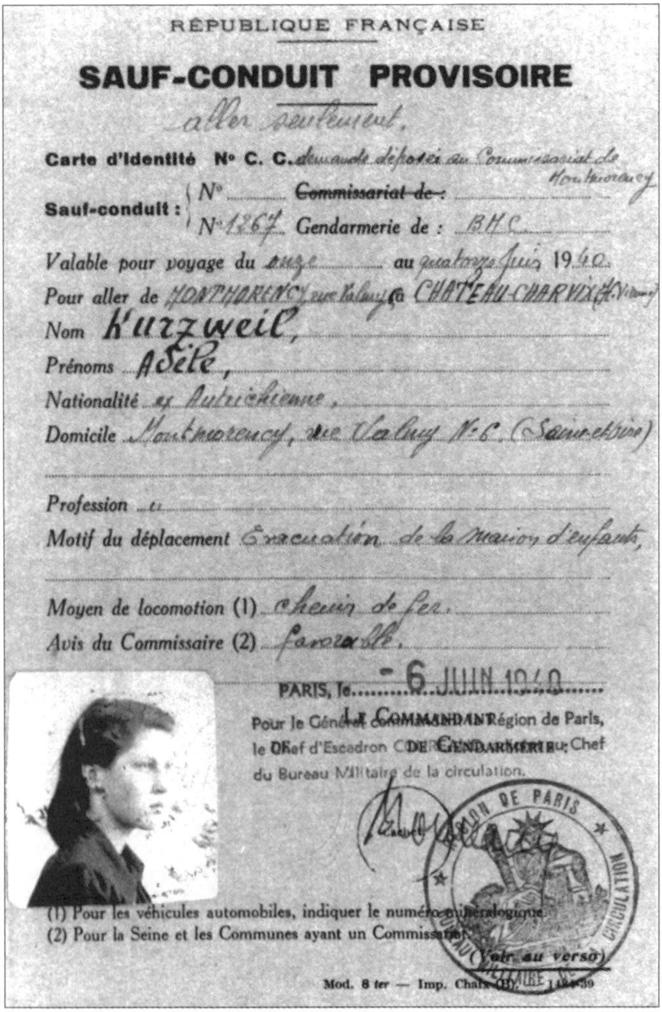

RÉPUBLIQUE FRANÇAISE

SAUF-CONDUIT PROVISOIRE

aller seulement.

Carte d'Identité N° C. C. demande déposée au Commissariat de Montmorency

Sauf-conduit : N° ______ ~~Commissariat de :~~ ______
N° 1267 Gendarmerie de : BHC

Valable pour voyage du onze au quatorze Juin 1940.

Pour aller de MONTMORENCY rue Valmy à CHATEAU-CHARVIX (H. Vienne)

Nom Kurzweil,

Prénoms Adele,

Nationalité ex Autrichienne,

Domicile Montmorency, rue Valmy N° 6 (Saint-Lucien)

Profession

Motif du déplacement Evacuation de la maison d'enfants,

Moyen de locomotion (1) chemin de fer.

Avis du Commissaire (2) favorable.

PARIS, le - 6 JUIN 1940

Pour le Général LE COMMANDANT Région de Paris,
le Chef d'Escadron DE GENDARMERIE Chef
du Bureau Militaire de la circulation.

(1) Pour les véhicules automobiles, indiquer le numéro minéralogique.
(2) Pour la Seine et les Communes ayant un Commissariat.
(Voir au verso)

Mod. 8 ter — Imp. Chaix

Sauf Conduit – Passierschein für Adele Kurzweil

Flucht in den Süden

Als die deutschen Truppen sich im Juni 1940 Paris näherten, floh auch die Familie Kurzweil in das der „Auslandsvertretung der österreichischen Sozialisten" zugewiesene Montauban. Die Familie erhielt einen *Sauf-Conduit Collectif*, einen Passierschein, der ihnen erlaubte, von Paris nach Tarn et Garonne umzuziehen. Am 17. August wurden sie von der Präfektur in Montauban registriert und erhielten eine Aufenthaltsgenehmigung, die im Mai 1941 erneuert wurde. Adele trat in das dortige Lycée Michelet in die vierte Klasse ein, wo sie eine gute Schülerin war.

Bruno Kurzweil übernahm die Auslandsvertretung der Sozialisten und führte einen regen Briefverkehr mit den Freunden in Amerika. In den Briefen an Joseph Buttinger, der mit anderen Genossen Geld für die Emigration zur Verfügung stellte und diese auch organisierte, beschrieb Bruno Kurzweil die Lebensumstände in Montauban und die Versuche, Visa für die Ausreise zu bekommen. Dabei taucht immer wieder das Geldproblem auf, da man natürlich versuchte, so viele Leute wie möglich aus Europa hinauszubekommen. In Amerika gab es eine besondere Schwierigkeit, denn man brauchte zuerst ein Affidavit von Freunden und Bekannten. Je nachdem wie zuverlässig diese schienen, erhielt man dann das Visum für Spanien oder Portugal, von wo die Schiffe in die USA ablegten. Dafür benötigte man jedoch auch ein Visum für das Einreiseland, meist die USA, und oft musste man schon eine bezahlte Schiffspassage vorweisen, um das Ausreisevisum überhaupt zu bekommen. Das alles war sehr langwierig, und es kam öfters vor, dass jemand zwar ein Amerikavisum hatte, aber kein Visum für das Land, von dem sein Schiff ablegte.

Die Lage war sehr unsicher. Bei keinem Brief konnte Bruno Kurzweil sich sicher sein, dass er auch ankommen würde. Außerdem waren da noch die Probleme mit den Lebensmitteln, sie waren sehr knapp, teuer und streng rationiert. Viele Leute wurden krank. Er berichtete auch, dass die Fremdenfeindlichkeit in Montauban immer mehr zunahm.

Parallel zu den Bemühungen, den noch in Montauban lebenden sozialdemokratischen Familien bei dem Versuch Frankreich zu verlassen Hilfe zu leisten bemühte sich Bruno Kurzweil auch um Visa für seine eigene Familie, nachdem ihm einige Leute geraten hatten, auf keinen Fall länger als nötig in Frankreich zu bleiben. Doch Visa zu bekommen, war immer schwieriger geworden.

Neben dem Briefverkehr mit den USA unterhielt Bruno Kurzweil im Jahr 1940/41 eine rege Korrespondenz mit seinem Bruder Adalbert. Dieser hatte versucht, von Wien aus nach Palästina zu gelangen, doch landete er im Februar 1940 in Mailand, wo er auch die Nachricht vom Tod der

Mutter in Wien erfuhr. Von dort aus versuchte er, ein Visum für die USA zu bekommen, doch musste er erfahren, dass dieses Jahr für ihn keine Chance mehr bestand, weshalb er sich entschloss, nach Shanghai zu emigrieren. Da ihm dieser Weg sehr unsicher erschien und er zudem nicht verheiratet war, schickte er Bruno Kurzweil sein Testament, in dem er ihn als Universalerben einsetzte. Die Emigration nach Shanghai fällt ihm nicht leicht, scheint ihm aber doch sicherer zu sein („*...habe ich mich doch schweren Herzens entschlossen, in diese weite Ferne zu gehen, einem sehr ungewissen Schicksal entgegen. Aber die Unsicherheit der Haltung Italiens, ... veranlasste mich, lieber die asiatische Unsicherheit, statt der europäischen, in Kauf zu nehmen.*“).

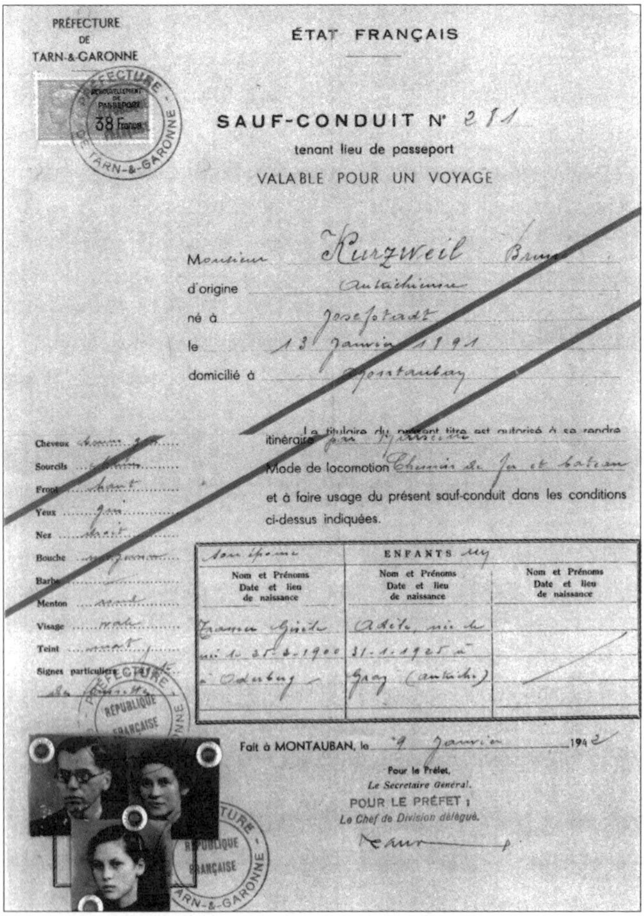
PRÉFECTURE
DE
TARN-&-GARONNE

ÉTAT FRANÇAIS

SAUF-CONDUIT N° 211
tenant lieu de passeport
VALABLE POUR UN VOYAGE

Monsieur Kurzweil Bruno
d'origine autrichienne
né à Josefstadt
le 13 Janvier 1891
domicilié à Montauban

Le titulaire du présent titre est autorisé à se rendre
itinéraire
Mode de locomotion Chemin de fer et bateau
et à faire usage du présent sauf-conduit dans les conditions ci-dessus indiquées.

Cheveux
Sourcils
Front
Yeux
Nez
Bouche
Barbe
Menton
Visage
Teint
Signes particuliers

Son épouse	ENFANTS	
Nom et Prénoms Date et lieu de naissance	Nom et Prénoms Date et lieu de naissance	Nom et Prénoms Date et lieu de naissance
	Adèle, née le 31-1-1925 à Graz (autriche)	

Fait à MONTAUBAN, le 9 Janvier 1942

Pour le Préfet,
Le Secrétaire Général.
POUR LE PRÉFET :
Le Chef de Division délégué.

Antrag auf ein Ausreisevisum

Alles ging Schlag auf Schlag, sodass er bereits wenige Wochen nach dem Entschluss, nach Shanghai zu gehen, Anfang Mai 1940 Italien verließ: *„Ich war für die Reise so vorbereitet als ob ich zum Hilmteich oder auf den Rosenberg gehen sollte.“* In Shanghai eröffnete er eine Arztpraxis, die jedoch nur sehr spärlich ausgestattet und auch nicht sehr erfolgreich war. Auch mit der Sprache hatte Adalbert Kurzweil, wie er in seinen Briefen mitteilte, große Probleme. Das Leben in Shanghai sei zudem sehr unsicher, da Japan gegen China Krieg führe, immer wieder in der Nähe Gefechte stattfänden und auch sonst das Leben in der Stadt gefährlich und mangels Heizmaterial und Lebensmitteln schwer erträglich sei. Was mit Adalbert Kurzweil später geschehen ist, ist unklar, da der Briefkontakt im Mai 1941 abbrach.

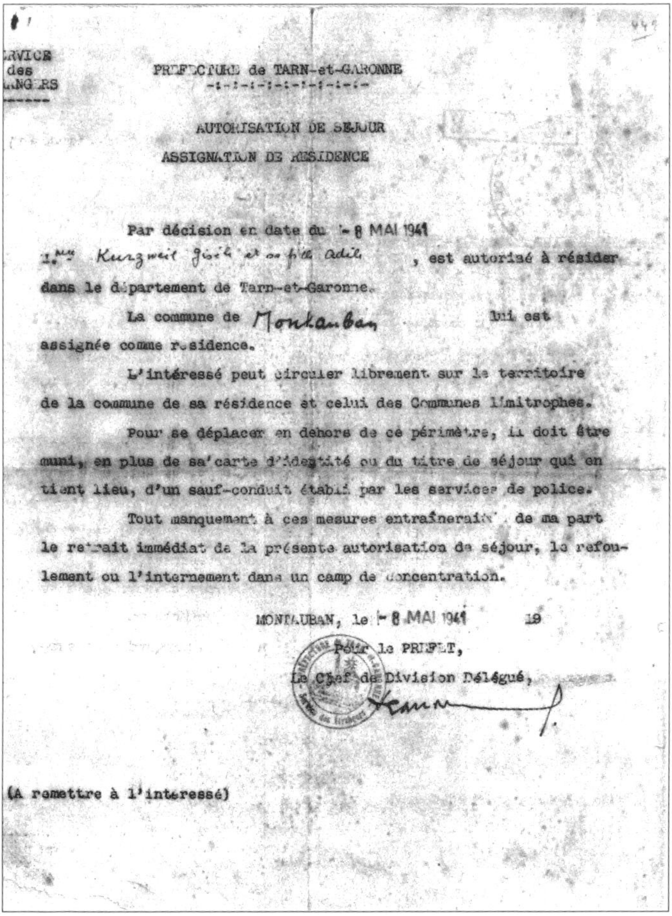

[SE]RVICE des [ÉTR]ANGERS

PREFECTURE de TARN-et-GARONNE

AUTORISATION DE SEJOUR

ASSIGNATION DE RESIDENCE

Par décision en date du - 8 MAI 1941

Mme Kurzweil Gisèle et sa fille Adèle, est autorisé à résider dans le département de Tarn-et-Garonne.

La commune de Montauban lui est assignée comme résidence.

L'intéressé peut circuler librement sur le territoire de la commune de sa résidence et celui des Communes limitrophes.

Pour se déplacer en dehors de ce périmètre, il doit être muni, en plus de sa carte d'identité ou du titre de séjour qui en tient lieu, d'un sauf-conduit établi par les services de police.

Tout manquement à ces mesures entraînerait de sa part le retrait immédiat de la présente autorisation de séjour, le refoulement ou l'internement dans un camp de concentration.

MONTAUBAN, le - 8 MAI 1941 19

Pour le PREFET,

Le Chef de Division Délégué,

(A remettre à l'intéressé)

Aufenthaltsgenehmigung für Montauban

Montauban – gescheiterte Flucht

Die Familie Kurzweil hatte – wie auch die meisten anderen – die Souveränität Frankreichs falsch eingeschätzt und den fatalen Fehler begangen, sich in Montauban offiziell als Juden registrieren zu lassen. Dies brachte ihnen zwar einerseits die Unterstützung jüdischer Flüchtlingsorganisationen, war aber andererseits die Vorbereitung für die Deportation in den Osten 1942 anhand dieser Erfassungslisten. Diesen Deportationen entkamen andere Flüchtlinge, die, wie etwa Trude Speiser und ihr Mann oder Franz Walter Stein und seine Frau Josefine, illegal bzw. mit gefälschten Papieren lebten und so überlebten.

Ein weiterer Grund für das falsche Einschätzen der Lage war, dass Bruno Kurzweil gehofft hatte, bald ausreisen zu können. Seit 1940 bemühte er sich auch um eigene Visa. Nachdem die USA als Land nicht mehr in Frage kam, hatte die Familie Kurzweil versucht, Visa für Mexiko zu bekommen.

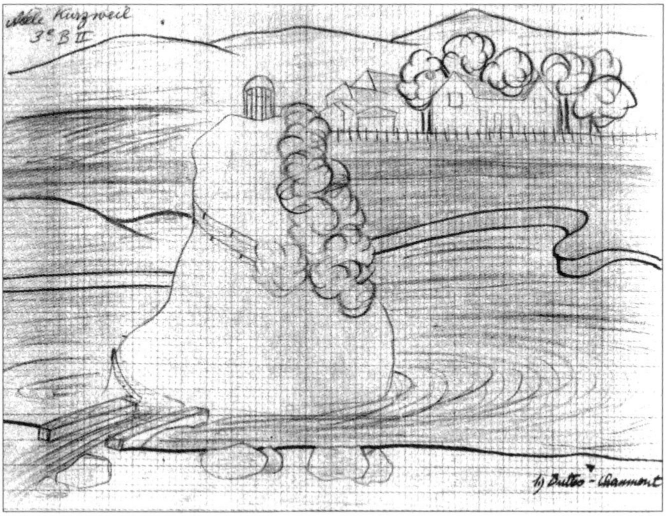

Eine erhalten gebliebene Zeichnung Adeles aus dem Schuljahr 1939/40

Das Problem der Visagenehmigung erwies sich als ein sehr komplexes, denn lange Zeit wussten Adeles Eltern nicht, ob ihnen und ihrer Tochter der Aufenthalt in Mexiko erlaubt würde, sprich, ob sie Visa für dieses Land bekommen würden. Dann war da noch das Problem der Zeitbeschränkungen: Ein Visum war nur auf bestimmte Zeit gültig und ebenso auch die Erlaubnis der Durchreise für bestimmte Länder. Um diese suchte man zuerst an und bekam sie meistens ohne großen Widerstand. Anders beim Visaantrag. Hier dauerte es oft monatelang, bis der Antrag überhaupt registriert wurde und nochmals so lange, bis man ein solches Visum ausgehändigt bekam. Das ist auch im Falle der Familie Kurzweil geschehen. Sie hatten eine Ausreiseerlaubnis nach Portugal, aber noch kein Visum. Als sie eine Aufenthaltsgenehmigung für Mexiko bekamen, war bereits der Passierschein nach Portugal abgelaufen und musste erneuert werden.

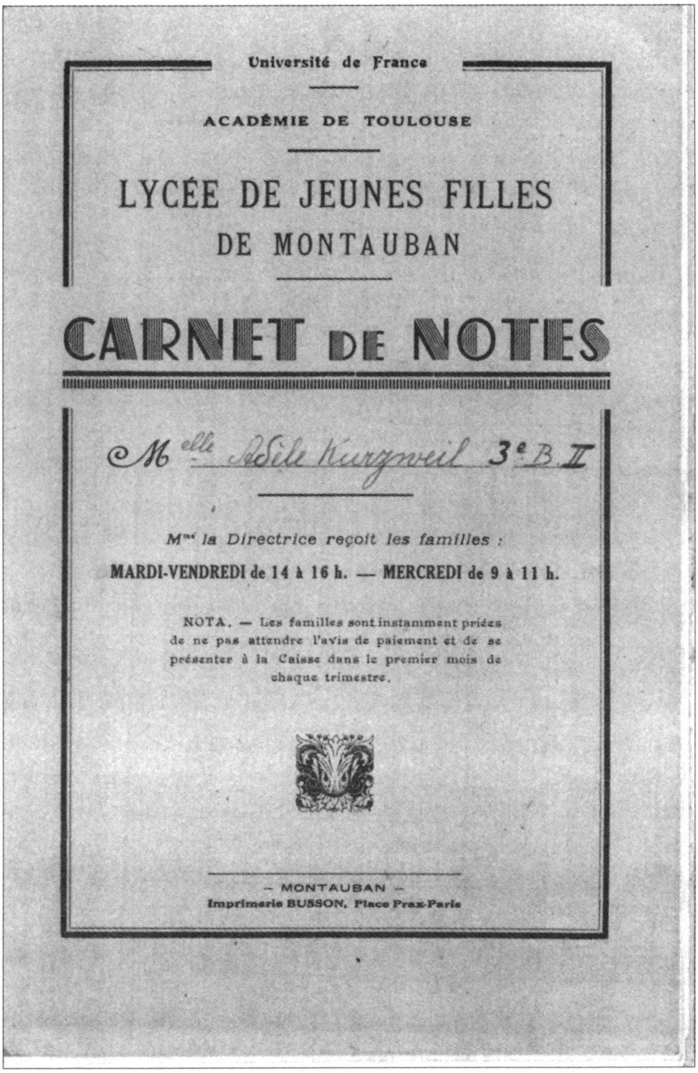

Université de France

ACADÉMIE DE TOULOUSE

LYCÉE DE JEUNES FILLES
DE MONTAUBAN

CARNET DE NOTES

Melle Adele Kurzweil 3e B II

Mme la Directrice reçoit les familles :
MARDI-VENDREDI de 14 à 16 h. — MERCREDI de 9 à 11 h.

NOTA. — Les familles sont instamment priées de ne pas attendre l'avis de paiement et de se présenter à la Caisse dans le premier mois de chaque trimestre.

— MONTAUBAN —
Imprimerie BUSSON, Place Prax-Paris

Zeugnis für Adele Kurzweil

Mit all diesen Dingen hatten Bruno Kurzweil und seine Frau monatelang vor der geplanten Ausreise zu kämpfen. Adele bekam von diesen ganzen Schwierigkeiten nichts mit. Im Frühjahr 1942 übersiedelten die Eltern von Montauban nach Auvillar, während Adele weiterhin in Montauban zur Schule ging und dort bei der Familie Weiß wohnte. Adele war eine sehr gute Schülerin, wie aus den Zeugnissen dieses Jahres hervorgeht. Eine noch lebende Mitschülerin bestätigte uns auch, dass sie eine sehr beliebte Schülerin war. Andere Zeitzeuginnen, die mit Adele in die Klasse gegangen waren, erinnerten sich noch an ihre schönen Zeichnungen und dass sie davon träumte, Modedesignerin zu werden. Adele hat liebend gerne gemalt. In einem Brief an ihre Eltern berichtete sie, dass sie sich sorgte, alle Prüfungen für das Abschlusszeugnis gut zu bestehen. Im Grunde konnte Adele trotz der Umstände eine ganz „normale" Schulzeit erleben, denn ihre Eltern versuchten in all den Jahren der Flucht und des Versteckens erfolgreich, die Tochter nicht mit ihren Schwierigkeiten und Ängsten zu konfrontieren.

Während Adele sich auf ihre Abschlussprüfungen des Schuljahres 1942 vorbereitete, warteten die Eltern in Auvillar auf die Bestätigung des Visaantrages. Außerdem bereiteten sie ihre Ausreise sorgfältig vor, sie packten große Schrankkoffer, verstauten dort die gesamten Kleider und den Hausrat der Familie. Sie bereiteten sich auf ein neues Leben in Mexiko vor. Bruno Kurzweil versuchte auch die Geldgeschäfte noch in Ordnung zu bringen.

Zu Schulschluss 1942 holten die Eltern die Tochter von Montauban nach Auvillar, die Visa für Mexiko waren zu diesem Zeitpunkt zwar noch nicht bestätigt, dennoch wollten sie die letzte Zeit gemeinsam in Auvillar verbringen, um möglichst schnell gemeinsam aufbruchbereit zu sein, wenn es zu einer Genehmigung der Visa kommen sollte.

Die Familie lebte zu diesem Zeitpunkt bereits in großer Angst, denn im Frühjahr und Sommer 1942 vermehrten sich die Razzien und Verhaftungen auch im Süden Frankreichs. Die französische Polizei arbeitete nun verstärkt mit der Gestapo zusammen. Dabei unterstützte sie die Deutschen bei der Verhaftung von Juden. Sie stellten der deutschen Polizei die Listen der offiziell registrierten Juden zur Verfügung. Auf einer dieser Listen befanden sich auch die Namen der Familie Kurzweil.

Bruno Kurzweil schrieb am 26. August 1942 einen letzten Brief an einen seiner Freunde, Pierre Thibault, er wirkte sehr deprimiert und schrieb, dass die Zukunft der Familie ungewiss sei. Am gleichen Tag wurde die Familie während einer Razzia in ihrer Wohnung in Auvillar verhaftet und in das nahegelegene „Camp de Septfonds" gebracht.

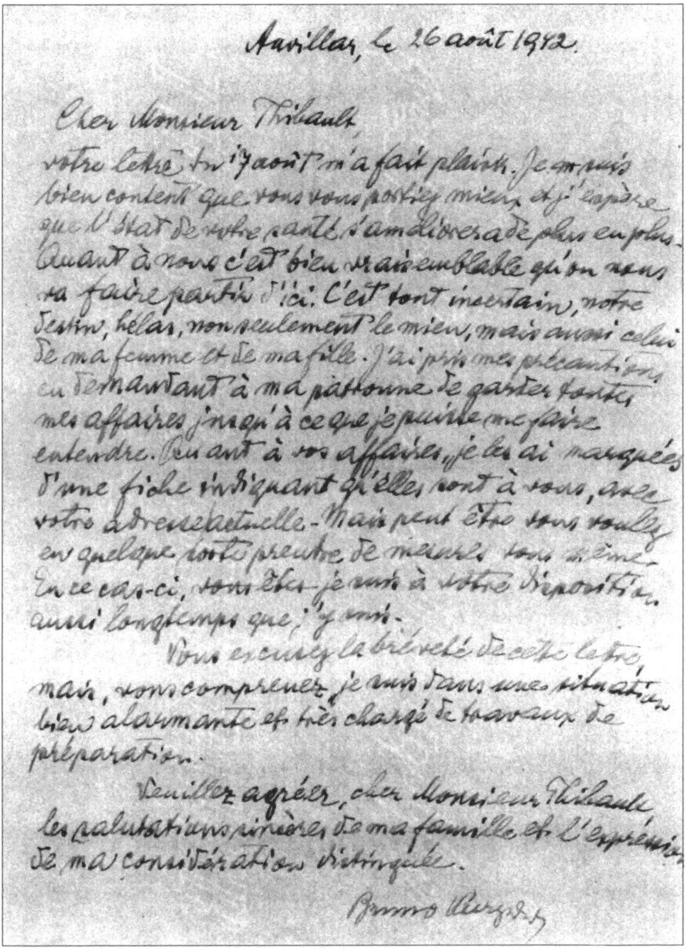

Auvillar, le 26 août 1942.

Cher Monsieur Thibault

votre lettre du 17 août m'a fait plaisir. Je suis bien content que vous vous portiez mieux, et j'espère que l'état de votre santé s'améliorera de plus en plus. Quant à nous c'est bien vraisemblable qu'on nous va faire partir d'ici. C'est tout incertain, notre destin, hélas, non seulement le mien, mais aussi celui de ma femme et de ma fille. J'ai pris mes précautions en demandant à ma patronne de garder toutes mes affaires jusqu'à ce que je puisse me faire entendre. Quant à vos affaires, je les ai marquées d'une fiche indiquant qu'elles sont à vous, avec votre adresse actuelle. Mais peut être vous voulez en quelque sorte prendre de mesures vous même. En ce cas-ci, vous êtes, je suis à votre disposition aussi longtemps que j'y suis.

Vous excusez la brièveté de cette lettre, mais, vous comprenez, je suis dans une situation bien alarmante et très chargé de travaux de préparation.

Veuillez agréer, cher Monsieur Thibault les salutations sincères de ma famille et l'expression de ma considération distinguée.

Bruno Kurzweil

Letzter Brief von Bruno Kurzweil am Tag seiner Verhaftung
(nicht mehr abgeschickt)

Ebenfalls am 26. August 1942 schrieb der Bischof von Montauban Pierre Marie einen Hirtenbrief, der in allen Kirchen und Kapellen der Diözese am Sonntag den 30. August kommentarlos zu verlesen sei:

Geliebte Brüder!
Schmerzliche und manchmal grauenhafte Szenen spielen sich in Frankreich ab, ohne dass Frankreich dafür verantwortlich wäre. In Paris wurden Zehntausende Juden auf barbarische Art behandelt, und nun kommt es in unserer Gegend zu einem herzzerreißenden Schauspiel: Familien werden auseinander gerissen, Männer und Frauen werden wie Vieh behandelt und an ein unbekanntes Ziel verschickt, wo sie noch größere Gefahren erwarten.

Aus christlichem Gewissen spreche ich meinen empörten Protest dagegen aus und ich erkläre, dass alle Menschen, ob arischer oder nicht-arischer Herkunft, Brüder sind, weil sie vom selben Gott erschaffen wurden; und dass alle Menschen, welcher Rasse oder Religion sie auch angehören, Recht auf Achtung durch Einzelpersonen und Staaten besitzen.

Die gegenwärtigen antisemitischen Maßnahmen bedeuten eine Verachtung der Menschenwürde, eine Verletzung der heiligsten Rechte der Person und der Familie.

Möge Gott sie trösten und stärken, die so verfolgt werden, und schenke er der Welt den wahrhaften und dauerhaften Frieden, gestützt auf Gerechtigkeit und Nächstenliebe.“

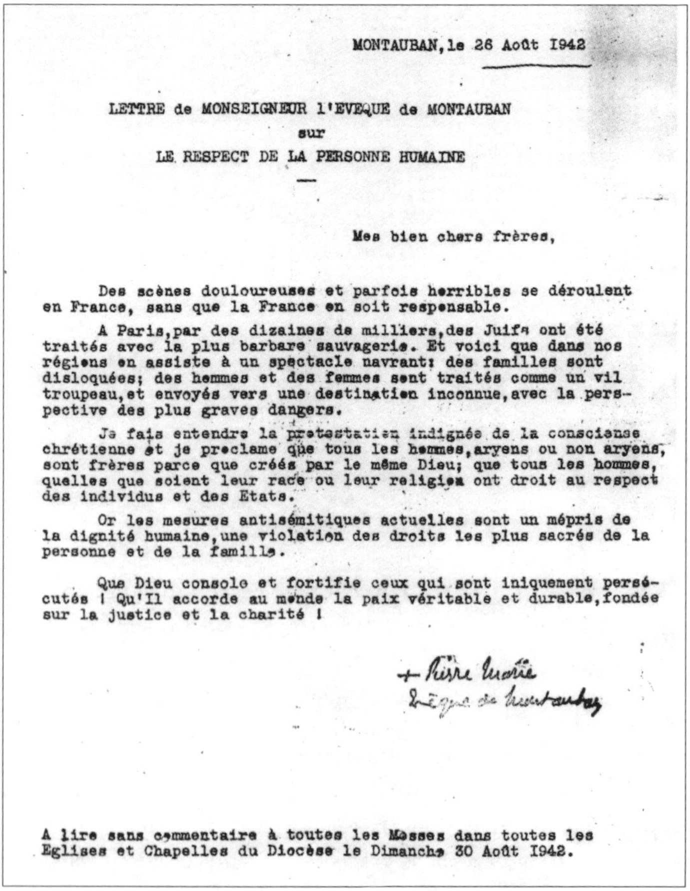

MONTAUBAN, le 26 Août 1942

LETTRE de MONSEIGNEUR l'EVEQUE de MONTAUBAN
sur
LE RESPECT DE LA PERSONNE HUMAINE

—

Mes bien chers frères,

Des scènes douloureuses et parfois horribles se déroulent en France, sans que la France en soit responsable.

A Paris, par des dizaines de milliers, des Juifs ont été traités avec la plus barbare sauvagerie. Et voici que dans nos régions on assiste à un spectacle navrant: des familles sont disloquées; des hommes et des femmes sont traités comme un vil troupeau, et envoyés vers une destination inconnue, avec la perspective des plus graves dangers.

Je fais entendre la protestation indignée de la conscience chrétienne et je proclame que tous les hommes, aryens ou non aryens, sont frères parce que créés par le même Dieu; que tous les hommes, quelles que soient leur race ou leur religion ont droit au respect des individus et des Etats.

Or les mesures antisémitiques actuelles sont un mépris de la dignité humaine, une violation des droits les plus sacrés de la personne et de la famille.

Que Dieu console et fortifie ceux qui sont iniquement persécutés ! Qu'Il accorde au monde la paix véritable et durable, fondée sur la justice et la charité !

+ Pierre Marie
Evêque de Montauban

A lire sans commentaire à toutes les Messes dans toutes les Eglises et Chapelles du Diocèse le Dimanche 30 Août 1942.

Protestbrief des Bischofs von Montauban gegen die Verhaftungen der Juden im August 1942

Im Lager Septfonds war die Familie Kurzweil einen Monat interniert. In der Nacht vom 1. auf den 2. September wurden 211 Gefangene, unter denen auch die Kurzweils waren, zum Bahnhof von Caussade gebracht, von wo aus sie mit dem Zug ins Internierungslager Drancy geschickt wurden.

Dort blieben sie ca. eine Woche. Am 9. September 1942 wurde Adele Kurzweil gemeinsam mit ihren Eltern und anderen Häftlingen, unter ihnen etwa 100 Kinder, mit dem Deportationszug Nr. 30 Richtung Auschwitz transportiert. Fast alle Deportierten aus diesem Zug wurden sofort nach der Ankunft in die Gaskammern des Vernichtungslagers Auschwitz gebracht und ermordet.

Das Internierungslager Septfonds nahe Montauban

Dieses Foto wurde 1942 von deutschen Propagandafotografen im Lager Drancy aufgenommen.

Flucht und Migration heute

Kosovo-Albaner auf der Flucht

Christian Ehetreiber

Integration als Frage der Gleichberechtigung – was sonst?

Zentrale Forderungen zur Überwindung der rechtlichen Ungleichheit von DrittstaatenausländerInnen in Österreich

Es mutet geradezu paradox an, wenn im *Einwanderungsland Österreich* – mit einer ausländischen Wohnbevölkerung von rund 800.000 Personen und rund 300.000 unselbständig erwerbstätigen ArbeitsmigrantInnen – zahlreiche SpitzenpolitikerInnen immer noch nicht vom *Einwanderungsland Österreich* sprechen und im Hinterkopf noch obsolete Rotationsmodelle der Arbeitsmigration aus den 60er Jahren kultivieren. Zu den zahlreichen Paradoxa gehört sicherlich auch, dass hierzulande sich viele berufen fühlen, „Integration" als Zielsetzung der Migrationspolitik zu verkünden, ohne auch nur den Ansatz eines diesbezüglichen Integrationskonzeptes, das über die flächendeckende Einführung von Deutschkursen hinausreicht, vorlegen zu können: *Integration von legal in Österreich niedergelassenen AusländerInnen vor Neuzuzug*, so lautet das Motto im Regierungsübereinkommen der VP-FP-Regierung zum Kapitel „Integration", wobei folgende Maßnahmen genannt werden:

- Der Weg zur Staatsbürgerschaft soll als integrationsverdichtender Prozess gesehen werden, der Kenntnisse der Landessprache, über Österreich und die EU vermitteln soll
- Mittels eines Informationspackages sollen MigrantInnen über Integrationsmaßnahmen und den Zugang dazu informiert werden
- Start einer Informationsoffensive über Integrationsmaßnahmen, Evaluierung derselben und Zusammenschaltung aller integrationspolitischen Maßnahmen
- Schaffung von Anreizen und Beratungsstellen für Kriegsvertriebene im Hinblick auf ihre Rückkehr
- Aussagen zur AusländerInnendichte und -verteilung in Schulen so wie Start einer Sprachoffensive für Kinder in Kindergärten, Schulen und bei Eltern[1]

Heidemarie Fenzel, Beauftragte des Bundesministerium für Inneres zur Entwicklung eines Grobkonzeptes zu den geplanten Integrationsmaßnahmen, vermerkte auf die Anfrage, ob die Bundesregierung überhaupt über ein Konzept zur Integration verfüge: „Ich weiß aber, da ich zehn Jahre in der Integrationsarbeit tätig bin, dass wir kein Integrationskonzept haben. Es fehlt in Österreich ein politisches Konzept zur Integration. Daher brauchen wir zuerst einmal eine Definition von Integration."[2] Bei derselben Tagung der Stadt Graz und des Grazer AusländerInnenbeirates zum Thema „Migrationspolitik des Bundes und ihre Auswirkungen auf die Gemeinden" vermerkte Ingrid Novotny vom Bundesministerium für Wirtschaft und Arbeit, dass die politische Mitbestimmung für MigrantInnen konstitutiv für ein Integrationskonzept ist: „Klar ist dass, solange unsere Zuwanderer nicht politisch mitbestimmen können, ein wesentlicher Teil der Integration fehlt."[3]

Beide Wortmeldungen von Expertinnen der österreichischen Migrationspolitik verdeutlichen, dass der Terminus „Integration" immer noch eine unterbestimmte, nahezu leere oder mit trivialen Common-Sense-Vorstellungen imprägnierte Worthülse im politischen Diskurs der Republik ist, wobei diese Unterbestimmtheit nicht nur zu Lasten der neuen, sondern auch der vorangegangenen Bundesregierung geht. Dieser Befund ist insofern bestürzend und Indikator von migrationspolitischer Ignoranz, als dadurch der nachlässig-fahrlässige Umgang der Republik mit ihren Flüchtlingen und MigrantInnen plakativ zum Ausdruck kommt, verschärft durch die Tatsache einer seit den sechziger Jahren bestehenden Arbeitsmigration nach Österreich. Der Diskurs über Migration, Integration und Rassismus wurde grosso modo betrachtet seit den neunziger Jahren defensiv, visions- und ideenlos sowie weitab von europäischen Werte- und Rechtsstandards geführt. Es ist nunmehr höchst an der Zeit, mit Visionen, Ideen, Zielen und europakonformen Konzepten, welche Anleihen bei den avanciertesten Staaten nehmen, aus der rückständigen Integrationspolitik auszubrechen und neue Wege einzuschlagen.

Die zitierten Tagungen der Stadt Graz und des Grazer Ausländerbeirates, einer österreichweit einzigartigen kommunalen Initiative zur Integrationspolitik, brachten die wesentlichen Knirsch- und Eckpunkte eines Integrationskonzeptes im Dialog zwischen Kommunal- und BundespolitikerInnen sowie VertreterInnen aus NGO's und Behörden auf den Punkt: An der rechtlichen Gleichstellung von DrittstaatenausländerInnen mit EU-BürgerInnen wird mittelfristig kein Weg vorbeiführen. Integration bedeutet in erster Linie die Umsetzung einer konsequenten Gleichberechtigungspolitik zwischen MigrantInnen und der Mehrheitsbevölkerung. Das betrifft vor allem das Wahlrecht auf kommunaler Ebene, das passive Betriebsratswahlrecht und das Wahlrecht zu den gesetzlichen Interessensvertretungen. Österreich ist immer noch der einzige EU-Staat, der DrittstaatenausländerInnen das passive Betriebsratswahlrecht verweigert, wodurch der sozial- und arbeitsrechtliche Status von ArbeitsmigrantInnen auf Betriebs- und Gewerkschaftsebene eine zusätzliche Verschlechterung erfährt.

Integration bedeutet jedoch auch, dass der rechtmäßige Aufenthalt von MigrantInnen im Bundesgebiet automatisch einen freien Zugang zum österreichischen Arbeitsmarkt ermöglichen muss. Die ersatzlose Beseitigung des Ausländerbeschäftigungsgesetzes, welches inländische Arbeitskräfte vor der Billigkonkurrenz aus dem Ausland ohnehin nicht schützt, sondern im Zusammenwirken mit anderen Gesetzen erst recht unter Druck setzt, ist ein überfälliges Desiderat in der österreichischen Migrationspolitik.[4] Das AUSLBG ist eine unnötige, Ressourcen vergeudende und strukturellen Rassismus generierende Gesetzesmaterie, die ersatzlos aufzuheben ist. Der rechtmäßige Aufenthalt in Österreich muss für die Aufnahme einer selbständigen oder unselbständigen Erwerbstätigkeit ausreichen. Zur Zeit erhalten etwa nachgezogene Familienangehörige oft erst nach acht Jahren einen Zugang zum Arbeitsmarkt, was zur Verarmung von MigrantInnenfamilien und deren Ghettoexistenz wesentlich beiträgt.

Insgesamt betrachtet setzt ein zukunftsträchtiges Integrationskonzept eines Einwanderungslandes auf Aufenthaltsverfestigung und den möglichst raschen Erwerb der Staatsbürgerschaft, auf die in Österreich der Rechtsanspruch erst nach 30 Jahren erworben wird. Die durchschnittliche Praxis der Verleihdauer liegt bei acht bis elf Jahren.

Der politisch-rechtliche Anspruch auf Integration impliziert auch die Entwicklung eines konzisen Antidiskriminierungsgesetzes, welches sämtliche bestehenden Gesetzestexte auf offene oder verdeckte Diskriminierungspraxen durchleuchtet und entsprechende Konsequenzen auf strafrechtlicher Ebene vorsieht. Stelleninserate wie z.B. „Suche Reinigungskraft, jedoch keinen Ausländer" sollten dann der Vergangenheit angehören und nach den entsprechenden Paragraphen des Antidiskriminierungsgesetzes klagbar sein.

Ein ernst zu nehmendes Integrationskonzept wird freilich auch Bildungs- und Qualifizierungsmaßnahmen sowie Freizeitangebote für MigrantInnen auf Grundlage interkultureller Bildungskonzepte flächendeckend und kostengünstig anbieten. Kostenlose Deutschkurse seien hier exemplarisch ebenso genannt wie arbeitsmarktrelevante Bildungs- und Qualifizierungsmaßnahmen. Für MigrantInnen können erst dadurch soziale Aufstiegskanäle geöffnet werden, welche sie aus prekären Wohn- und Arbeitsverhältnissen herausführen können.

Die Einhaltung menschenrechtlicher Standards im Umgang mit AsylwerberInnen (Rechtsanspruch auf Bundesbetreuung sowie auf Familienzusammenführung; Betreuung unbegleiteter minderjähriger AsylwerberInnen) zählt gleichfalls zu den zentralen Forderungen einer zukunftsträchtigen Integrationspolitik. Von Gesetzes wegen zur Untätigkeit verdonnerte AsylwerberInnen sind ein „sicheres Mittel" zur Intensivierung des Alltagsrassismus.

Verein ISOP Graz, Deutschkurs für MigrantInnen

Verein ISOP Graz, Computerkurs für MigrantInnen

Zu einer fortschrittlichen Integrationspolitik gehört freilich auch die Bildung und Information der Mehrheitsbevölkerung über Fragen der Migration, Interkulturalität und der Gewalt- und Rassismusprävention in Schulen, Gemeinden und Bildungseinrichtungen. Es ist immer wieder erschreckend, auf welchem Stammtischniveau in Österreich interkulturelle Fragen diskutiert werden und dass die Debatte über Plattitüden wie *islamischer Fundamentalismus*, *Kopftuchtragen*, *Anpassung an die Mehrheitskultur* oder *Deutschlernen* nicht hinausgeht. Jede/r Trainer/in in der Antirassismusarbeit kann das Arsenal an Sprech- und Schreibpraxen des rassistischen Diskurses mittels Kärtchenmethode in zehn Minuten visualisieren. Kaum jemand weiß über Hintergründe und Ursachen von Flucht und Migration, über Zahlen, Fakten und Daten zur Ausländerbeschäftigung oder über die Entstehung von Rassismus Bescheid. In vielen Köpfen geistern immer noch wissenschaftlich unhaltbare Konstrukte homogener kultureller Identitäten, Rassen*theorien* oder die beliebte Ethnisierung, Kulturalisierung oder gar Naturalisierung sozialer Handlungsfelder herum. Immer wieder wird die Zugehörigkeit zu einer *fremden Kultur* als Integrationshindernis gesehen, anstatt den Fokus auf die vorenthaltene rechtliche Gleichstellung oder auf die Barrieren beim Zugang zum Arbeitsmarkt zu legen. Die Erforschung und Verbreitung von Erkenntnissen und Empfehlungen der Migrations-, Rassismus- und Arbeitsmarktforschung ist daher ein wichtiges Ziel für die überparteiliche politische Bildung der Mehrheitsbevölkerung. Für MigrantInnen zählen nämlich Stereotype und Vorurteile, zumeist im herabwürdigenden Jargon des *Ausländerdeutsch* vorgebracht, zu den entwürdigendsten Formen von sozialer Diskriminierung.

Die Zeit ist auch in Österreich reif für eine visionäre und konsequente Umsetzung europäischer Rechts- und Wertestandards in der Migrationspolitik, und wir sollten uns „BürgerInnen zweiter Klasse" keinen Tag länger leisten, gleichgültig aus welchen ideologischen Positionen heraus wir uns dieser Thematik annähern.

---

1 Ausländerbeirat der Stadt Graz: Dokumentation der Tagung „Migrationspolitik des Bundes und ihre Auswirkungen auf die Gemeinden", 1. Teil vom 4.7.2000, 1.

2 Ebda, 3.

3 Ebda.

4 Dazu die konzise Studie August Gächters, Nutzen und Widersinn des Ausländerrechts, in: ISOTOPIA 6/1996, 33-46.

Karin Bukowski, Daniela Fürst, Mehdi Gashani, Gregor Hasenhüttl, Julia Kapl, Christiane Murer, Lisa Stadler

Die Flüchtlingssituation in Frankreich und Österreich – ein Vergleich

Wer ist Ausländer?

Grundsätzlich gibt es im gesamten Raum der Europäischen Union drei verschieden Gruppen von Ausländern:

- *Angehörige eines EU- oder EWR-Landes*
  Diese dürfen den Arbeitsmarkt des jeweiligen Landes nutzen und sind den Staatsbürgern am Arbeitsmarkt völlig gleichgestellt.
- *AsylwerberInnen*
  Diese beantragen gemäß der Genfer Konvention einen Flüchtlingsstatus. Flüchtlinge sind jene, die aufgrund ihrer Herkunft, politischen oder religiösen Zugehörigkeit in ihrem Heimatland verfolgt werden. Sie müssen in einem Asylverfahren die Fluchtgründe glaubhaft machen.
- *Studenten*

Alle anderen Ausländer, die keiner dieser Gruppen zuzuordnen sind, sind an gewisse Regeln gebunden. Sie müssen einen von der Botschaft ausgehenden Antrag auf Arbeits- oder Niederlassungsbewilligung einbringen. Von dem Arbeitsgesetz ausgenommen sind die Angehörigen eines anderen EU-Landes oder die mit einem österreichischen Partner Verheirateten. Viele Flüchtlinge sind aber durch die Genfer Konvention nicht wirklich anerkannt, sie werden von Schlepperbanden durch falsche Versprechungen in das Land gelockt.

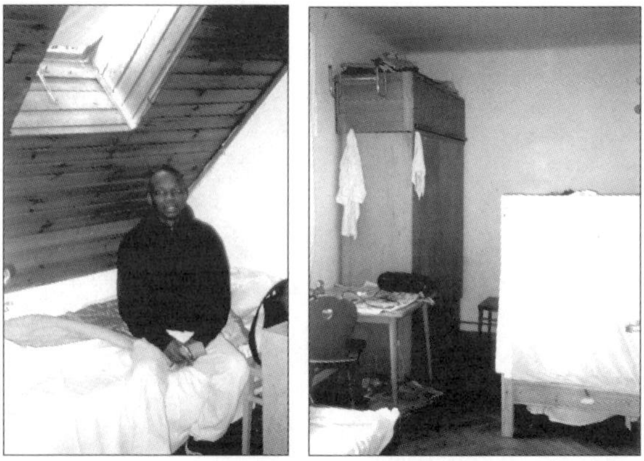

Franziskusheim der Caritas für AsylwerberInnen in Graz

Blutrecht – Bodenrecht

Die rechtliche Situation von Flüchtlingen und MigrantInnen in Österreich und Frankreich weist vor allem einen entscheidenden Unterschied auf: In Frankreich herrscht das Bodenrecht, während in Österreich das Blutrecht Gültigkeit besitzt. Das heißt, dass ein Kind, das auf französischem Boden geboren wurde, unabhängig von der Nationalität und Herkunft der Eltern, automatisch die französische Staatsbürgerschaft bekommt. In Österreich hingegen kann man diese auf drei verschiedene Wege erlangen:

1. Man lebt mindestens schon 10 Jahre in Österreich
2. Man ist mit einem österreichischen Partner mindestens 3 Jahre lang verheiratet
3. Man bekommt sie für besondere Dienste verliehen

EU-weit einzigartig ist aber, dass in Österreich erst nach 30 Jahren ein Rechtsanspruch auf die Staatsbürgerschaft besteht. Deren Verleihung liegt oftmals im Ermessen der Behörde.

Herkunftsländer

Sieht man sich die Aufstellungen der Herkunftsländer der Flüchtlinge in Österreich und Frankreich an, so erkennt man, dass seit 1991 die meisten Flüchtlinge in Österreich aus Ex-Jugoslawien kommen, während Frankreich ein klassisches Einwanderungsland für Flüchtlinge aus Nordafrika (Marokko, Algerien) ist.

Organisationen zur Betreuung von Flüchtlingen in Graz

Das Ausländerreferat

Das Ausländerreferat wurde vor 10 Jahren von Grazer Bürgermeister Alfred Stingl gegründet und arbeitet auf staatlicher Ebene. Es ist dem Sozialamt untergeordnet, daher ein Teil einer Behörde und keine weisungsfreie unabhängige Institution.
Es erfüllt drei wesentliche Aufgaben:

– *der direkte Parteienverkehr*
  Das Ausländerreferat führt ein erstes Gespräch mit allen AsylwerberInnen. Es kann sowohl für AsylwerberInnen als auch für in Österreich arbeitende AusländerInnen Unterstützung gewähren, Beschäftigungsgenehmigungen erteilen und auf andere spezifische Einrichtungen wie ZEBRA oder ISOP verweisen. Trotzdem ist es keine reine Beratungsstelle.

– *Weiterleitung der Schriftstücke über Migration an den Bürgermeister* Sämtliche Schriftstücke, die zum Thema Migration an den Bürgermeister gerichtet sind, gehen zuerst an das Ausländerreferat. Im politischen Bereich wird die Stadt von dieser Einrichtung vertreten.

Der Besuch eines Deutschkurses ist in Österreich nicht selbstverständlich und wird auch nicht vom Ausländerreferat angeboten, dazu gibt es eigene Vereine (Verein ISOP, Danaida etc.). In Österreich besteht auch kein politisches Konzept zur Integration, es werden nur vereinzelte Aktionen von privaten Vereinen angeboten.

Verein ISOP Graz

ZEBRA

Der Verein Zebra besteht seit 1987 und stellt eine Beratungs- und Betreuungsstelle für AusländerInnen dar. Beim Verein ZEBRA werden AusländerInnen vor allem durch eine rechtliche Beratung, durch Qualifizierungsmaßnahmen für den Arbeitsmarkt und durch die Vermittlung von Arbeitsplätzen unterstützt. Außerdem werden von politischer Gewalt betroffene Menschen psychotherapiert. Es werden auch Psychotherapien mit DolmetscherInnen angeboten, dadurch besteht für die Betroffenen die Möglichkeit, eine Psychotherapie in der Muttersprache zu bekommen.

Subventioniert wird ZEBRA durch die EU, die Stadt Graz, das Innenministerium, das Land Steiermark, die UNO, das AMS und Spenden.

Organisationen in Montauban

L'AMAR

L'AMAR ist eine Flüchtlingsbetreuungsorganisation und hat folgende Aufgaben:

– Unterstützung bei der Beantragung eines Asylrechtes

- Hilfe zur Eingliederung der Flüchtlinge in die französische Gesellschaft

Es gibt auch verschiedene Kommissionen bei L'AMAR, die im Einzelnen zuständig sind für:
- Schule und Ausbildung
- Zusammenleben
- Interkulturelle Austausche etc.

L'AMAR organisiert auch Feste, bei denen die Einheimischen der Stadt und die Flüchtlinge gemeinsam feiern und einander besser kennen lernen sollen.

L'AMAR sind zwei Institutionen unterstellt, Le CADA (Centre d'Accueil de Demandeurs d'Asile) und Le CPH (Centre Provisoire d'Hébergement).
LE C.A.D.A. – Aufnahmezentrum für Asylwerber
LE C.P.H. – Provisorisches Wohnheim

Besuch der Grazer Jugendlichen bei der Flüchtlingsbetreuungseinrichtung L'AMAR in Montauban

Die Aufgaben des CADA bestehen darin, die Flüchtlinge zu empfangen und zu betreuen, während sie auf ihre Papiere als AsylwerberInnen warten, was acht Monate bis zwei Jahre oder noch länger dauern kann. Außerdem unterstützt CADA die Flüchtlinge bei der Einschulung ihrer Kinder und die Flüchtlinge erhalten auch medizinische Betreuung in dem Aufnahmezentrum LE CADA.

In ganz Frankreich gibt es auch, unterstützt von L'AMAR, provisorische Wohnheime, der Aufenthalt für Flüchtlinge in diesen Heimen ist auf sechs Monate beschränkt.

Gespräch mit Migrantenjugendlichen der zweiten Generation in Montauban

Einen guten Einblick in die Situation von Flüchtlingen, vor allem auch in die der zweiten Generation, konnten wir durch ein Gespräch mit Jugendlichen erlangen, die in Frankreich geboren sind, aber ausländische Eltern haben. Obwohl in Frankreich ein im Land geborener Mensch automatisch die französische Staatsbürgerschaft erlangt, was in Österreich leider nicht der Fall ist (Blutrecht), gelten oft auch diese Jugendlichen als Außenseiter, da sie meist allein wegen ihrer Hautfarbe diskriminiert werden. Diese Jugendlichen informierten uns auch über ihre Erfahrungen und Empfindungen als Franzosen zweiter Klasse, die in Frankreich nicht wirklich akzeptiert werden. Für AusländerInnen gab es verschiedene Gründe, nach Frankreich zu gehen:

– Sie wurden im Zweiten Weltkrieg für die Armee rekrutiert.
– Sie wurden nach dem Krieg als Arbeitskräfte für den Wiederaufbau gebraucht.
– Da Frankreich ein Kolonialstaat war und gute Beziehungen zu afrikanischen Ländern hatte, war es nicht schwer für die Bevölkerung dieser Länder nach Frankreich einzuwandern.
– Ein weiterer Grund waren die in Afrika herrschenden Bürgerkriege.

Diskussion in Montauban mit Migrantenjugendlichen aus Marokko

Die meisten AusländerInnen der ersten Generation wurden in sogenannten HLM's untergebracht, das sind Hochhäuser mit billigen Mietwohnungen, in denen meist sehr schlechte Wohnverhältnisse herrschten. Die Umstände für eine gute persönliche Entfaltung waren also absolut nicht gegeben. Es gab sehr viele Analphabeten und die meisten MigrantInnen übten handwerkliche Berufe aus. Die Integration der ersten Generation fand eigentlich so gut wie gar nicht statt. Zum einen aus dem Grund, weil die Flüchtlinge in „Ghettos" wohnten und so kaum Kontakt mit Franzosen haben konnten, zum anderen wollten sich viele Flüchtlinge überhaupt nicht integrieren, da sie ihren Aufenthalt in Frankreich nur als vorübergehend betrachteten. Sie wollten ursprünglich in Frankreich nur Geld verdienen und dann wieder in ihre Heimat zurückkehren.

Obwohl die 2. Generation über eine höhere Schulbildung verfügt und die französische Sprache perfekt beherrscht, ist sie immer wieder mit Vorurteilen und Diskriminierungen konfrontiert:

- Bei verschiedenen Formularen ist neben der Staatsbürgerschaft das Herkunftsland gefragt.
- Beim Lebenslauf wird auch oft noch ein Foto verlangt.
- Da alle Discos in Frankreich privat sind, ist es den Besitzern möglich, die Gäste auszuwählen, wobei AusländerInnen sehr oft der Eintritt verboten wird.
- Es gibt viele Cafés, in denen AusländerInnen nicht bedient werden.

Erfolge von AusländerInnen in Musik und Sport verbessern die Situation ein wenig (z.B. Zinedine Zidane).
Im Großen und Ganzen ist die Situation der in Österreich sehr ähnlich: die Kinder der zweiten Generation sind integriert, aber nicht akzeptiert.

Gibt es eine Harmonisierung des Asylrechts in Europa?

Österreichische und französische Migrationspolitik im Vergleich. Interview mit Univ. Prof. Dr. Wolfgang Benedek – Universität Graz, Institut für Völkerrecht

ARGE Jugend gegen Gewalt und Rassismus:
Was ist Ihre allgemeine Einschätzung der Migrationspolitik in Österreich und in Frankreich?

Prof. Benedek:
Die allgemeine Sicht ist die, dass wir sowohl in Österreich als auch in Frankreich einerseits unter europäischen Einflussfaktoren stehen und andererseits unter nationalen. Die europäischen sind, dass es im Augenblick eine Tendenz zu einer Harmonisierung des Asylrechts in Europa gibt. Das bedeutet, dass sich die Länder jetzt auf etwas einigen müssen, was sie in Zukunft gemeinsam durchzuführen bereit sind. Das sind also Länder wie Österreich, die stärker betroffen sind, da sie an der Schengenaußengrenze liegen. Diese Länder sind im Allgemeinen etwas restriktiver als Länder, die nicht so viele Flüchtlinge und MigrantInnen haben. Allerdings ist Frankreich auch immer sehr stark betroffen, weil es einen großen Einzugsbereich durch die früheren Kolonien und Überseegebiete usw. hat. Daher ist also auch dort das Problem der Asylanten und Migration schon stärker als im europäischen Durchschnitt. In Österreich haben wir bis zum Jahr 1997 eine stetige Verschärfung der Bestimmungen gehabt, sie sind immer restriktiver geworden.

Das Asylgesetz 1997 war dann ein gewisser Fortschritt im Hinblick auf rechtsstaatliche Prinzipien und auf eine rechtliche Verbesserung des Verfahrens. Da ist z.B. der unabhängige Bundesasylsenat (UBAS) eingeführt worden. Bisher war ja die zweite Instanz das Innenministerium, und die Verwaltung hat praktisch entschieden, ob jemand zu Recht ein Flüchtling ist oder nicht. Jetzt ist zumindest eine quasi-gerichtliche Kontrolle gegeben. Zudem ist auch das Bundesasylamt eingeführt worden, also eine eigenständige Behörde. Im Hinblick auf Rechtsstaatlichkeit war das eine Verbesserung. Auf der anderen Seite sind die Aufnahmekriterien nicht gerade verbessert worden, sondern man hat das, was man völkerrechtlich muss, akzeptiert, dies allerdings relativ großzügig. Die Tatsache, dass jemand nicht zurückgeschickt werden kann, wenn ihm im Ausland Folter droht, wurde gemäß Art. 3 Europäische Menschenrechtskonvention (EMRK) übernommen. Das so genannte Refoulement-Verbot war schon im Artikel 33 der Genfer Flüchtlingskonvention gegeben, aber es ist im Hinblick auf Artikel 3 EMRK, wo ja nicht nur Folter, sondern auch unwürdige und erniedrigende Behandlung verankert ist, doch etwas weiter gefasst. Insofern hat Österreich versucht, seine völkerrechtlichen Verpflichtungen wahrzunehmen. Es ist auch Artikel 8 der Menschenrechtskonvention, wo es um die Familie geht, weitgehend akzeptiert worden. Das würde bedeuten, dass es nicht einfach ist, jemand abzuschieben, der seine Familie in Österreich hat und dass die Familieneinheit nicht zerstört werden darf.

Durch die so genannte Drittlandklausel wollte man den Großteil der Flüchtlinge gar nicht mehr ins Verfahren lassen, weil Österreich bekanntlich von sicheren Drittländern umgeben ist. Hier hat dann aber die Spruchpraxis, vor allem des Bundesasylsenates, und noch mehr des Verwaltungsgerichtshofes, dazu geführt, dass man eben keine allgemeinen Annahmen machen kann, sondern dass jeder Fall einzeln zu prüfen ist. Und diese Prüfung in jedem Fall hat dann dazu geführt, dass dann doch in einer großen Zahl von Fällen, die über ein „sicheres Drittland" gekommen sind, diese Drittlandssicherheit nicht zweifelsfrei nachgewiesen werden konnte. In der Folge wurde versucht, den Prüfungsstandard herabzusetzen. Diese parlamentarische Initiative von zwei Abgeordneten blieb aufgrund der massiven Kritik österreichischer NGOs erfolglos. Es ist notwendig, dass die österreichischen NGO´s auch eine gewisse Wachsamkeit zeigen, dass der Standard nicht noch weiter verschlechtert wird.

ARGE Jugend gegen Gewalt:

Ist die französische Asylpolitik aus Ihrer Sicht restriktiver oder liberaler als die österreichische?

Prof. Benedek:

Man kann sicher sagen, dass Frankreich eine sehr starke Asyltradition hat. Wenn man bedenkt, wer alles schon als Asylwerber in Frankreich gewesen ist, dann trägt dieser Umstand auch zum französischen Nationalstolz bei. Diese positive Tradition als Land des Asyls ist stärker als in Österreich.

ARGE Jugend gegen Gewalt:

Wir haben in Frankreich bzw. in Montauban diese Tradition als Land des Asyls ebenfalls bemerkt.

Prof. Benedek:

Zu Beginn des zweiten Weltkrieges hat Frankreich eine wichtige Rolle als Aufnahmeland gespielt, bis es dann selber überrollt worden ist. Allerdings muss man sagen, dass in den letzten 20 Jahren auch dort eine ständig restriktivere Entwicklung stattgefunden hat. Frankreich hat auch mehr Ausländer als wir. Die Tatsache, dass Frankreich über Kolonien verfügte, hat dazu geführt, dass ganz automatisch mehr MigrantInnen im Land leben. Die Gegenreaktion in Frankreich war stärker als bei uns, etwa in der sogenannten „Le-Pen-Phase“, wo man wirklich MigrantInnen zum politischen Thema gemacht hat, und wo man versucht hat, sie systematisch hinauszudrängen.

ARGE Jugend gegen Gewalt:

Wie würden sie dieses Verhältnis zwischen Anspruch und Wirklichkeit in der Migrationspolitik für Österreich beschreiben?

Prof. Benedek:

Für Österreich müsste man sagen, die Wirklichkeit ist nicht so rosig, aber der Anspruch ist nicht so groß. Wir haben hier jedenfalls nicht so eine Tradition, dass sich die Leute gegenseitig auf die Schulter klopfen und sich sagen, wie gut wir sind, wenn es um Asyl- und Flüchtlingsfragen geht. Wir sind eines der reichsten Länder Europas, und für uns sind diese Flüchtlinge nicht so eine große Belastung, wie manche Politiker behaupten.

ARGE Jugend gegen Gewalt:

Nach dem österreichischen Asylgesetz ist es möglich, dass auch jugendliche Asylwerber in Schubhaft genommen werden. Wie beurteilen Sie das aus menschenrechtspolitischer Sicht?

Prof. Benedek:

Es ist nach dem Fremdengesetz nicht vorgesehen, dass jugendliche Asylwerber in Schubhaft genommen werden können. Es kommt aber immer wieder vor, dass jugendliche Asylwerber in Schubhaft kommen, und das ist nicht rechtskonform. Dann wurde die Frage gestellt: Wie erkenne ich eine/n Jugendliche/n? An welchen äußeren Attributen kann man das feststellen? Die Leute kommen oft ohne Dokumente und geben an, sie seien noch jugendlich. Das ist ein relativ ungelöstes Problem.

ARGE Jugend gegen Gewalt:

Und wie sehen Sie die Schubhaftpraxis bei erwachsenen Asylwerbern?

Prof. Benedek:

Generell ist die Schubhaft ein Ärgernis in Österreich, und wir sind im Menschenrechtsbeirat auch dabei, eine Grundsatzdiskussion zu führen, ob es nicht andere Möglichkeiten gäbe, mit solchen Situationen umzugehen. Denn der Schubhäftling kann in den meisten Fällen überhaupt nicht erkennen, warum er im Gefängnis sitzt, und er hat das Gefühl, bestraft zu werden, obwohl er sich ja nichts zu Schulden kommen ließ, sondern nur zur Sicherung der Abschiebung in Verwahrung genommen wurde. Diese Sicherung kann man sicherlich auch anders erreichen, etwa durch einen offenen Vollzug der Schubhaft.

ARGE Jugend gegen Gewalt:

Sie finden die Schubhaft reformbedürftig?

Prof. Benedek:

Ein Flüchtling oder Asylwerber gehört nicht in die Schubhaft, sondern in die Bundesbetreuung.

ARGE Jugend gegen Gewalt:

Aber darauf hat er keinen Rechtsanspruch. Die NGOs kritisieren ja, dass es keinen Rechtsanspruch auf Bundesbetreuung gibt. Ist es eine überzogene Forderung, dass es einen Rechtsanspruch geben soll?

Prof. Benedek:

Ich würde es für richtig halten, aber es gibt Situationen, wo das nicht realisierbar ist, weil die Kapazitäten nicht vorhanden sind. Die Unterbringung in Flüchtlingsheimen bei jenen Fällen, die keine Asylwerber sind, sondern sich nur als solche bezeichnen, würde in der Bevölkerung Widerstand hervorrufen.

Grundsätzlich müsste ein Asylwerber ein reguläres Asylverfahren bekommen können, und man muss Asylwerber auch wo unterbringen. Entweder man lässt die Leute arbeiten, dann können sie sich das selbst finanzieren, wenn nicht, dann muss man es ihnen finanzieren.

ARGE Jugend gegen Gewalt:

Der Zugang zum Arbeitsmarkt wäre liberaler handzuhaben?

Prof. Benedek:

Natürlich.

ARGE Jugend gegen Gewalt:

Gibt es Unterschiede im Gesetz für Flüchtlinge zwischen Frankreich und Österreich?

Prof. Benedek:

Bei den Menschenrechtsgesetzen werden sie am Papier nicht viele Unterschiede finden zwischen Frankreich und Österreich.

ARGE Jugend gegen Gewalt:

Frankreich war eines der letzten Länder, das die Todesstrafe in Europa außer Kraft gesetzt hat. Glauben Sie, dass hier genug Strahlkraft aus Europa hinausgeht auf die USA, China usw., was die Abschaffung der Todesstrafe betrifft?

Prof. Benedek:

Das sind Länder, die lassen sich von Dingen, die in Europa passiert sind, nicht sehr beeindrucken. Die Reform muss von innen kommen. Es müssten sich Gruppen bilden, analog zu den Gruppen gegen übermäßigen Waffengebrauch. Wenn die sich durchsetzen, könnte sich etwas ändern, sonst nicht.

ARGE Jugend gegen Gewalt:

Jetzt kommen wir zu Graz, zur Stadt der Menschenrechte. Sie sind ja der Leiter des ETC (Europäisches Trainingszentrum für Menschenrechte und Demokratie) und des Vorhabens „Stadt der Menschenrechte", und am Beginn eines Prozesses, wo mehrere Arbeitskreise sich mit dem Konzept Menschenrechtsstadt auseinandersetzen. Wo ist Reformbedarf, wo muss man Initiativen, Maßnahmen, Projekte setzen, was müsste die Stadt Graz tun, um sich wirklich den Titel „Stadt der Menschenrechte" zu verdienen?

Prof. Benedek:

Wir sind als Europäisches Trainingszentrum für Menschenrechte gebeten worden, diesen Prozess zu koordinieren und ein Monitoring dafür zu leisten. Unsere Aufgabe ist es, dabei zu helfen, eine Struktur zu schaffen, dieses Ziel zu erreichen und vielleicht auch begleitend zu prüfen, inwieweit hier Fortschritte erfolgen. Nachdem wir gerade erst vor zwei Wochen die Eröffnungsveranstaltung für diesen Prozess gehabt haben, ist es natürlich zu früh zu sagen, wo die Hauptschwächen oder wo die Fortschritte in Graz zu finden sind. In diesem Prozess wollen wir in einer ersten Phase analysieren, wo die Hauptprobleme liegen, und in einer zweiten Phase auch schon versuchen, erste Verbesserungen zu erzielen, sodass bis zum Jahr 2003, wenn Graz Kulturhauptstadt ist, dann auch eine Kultur der Menschenrechte hier schon etwas stärker Fuß gefasst hat, als das bisher der Fall ist. Es gibt natürlich gute Anknüpfungspunkte, Stichwort Synagoge, auch die Arbeit Ihrer ARGE Jugend gegen Gewalt und Rassismus bietet wichtige Anknüpfungspunkte.

Für mich persönlich ist der Umgang mit AusländerInnen in der Stadt reformbedürftig, da sollte man überlegen, ob MigrantInnen nicht zur Fremdenpolizei begleitet werden müssen. Sie werden dort zum Teil erniedrigend behandelt, das wissen wir aus Berichten von Leuten, die zu uns gekommen sind. Das ist dann wieder eine Frage der Schulung der Beamten. Es gibt generell ein Problem mit dem Umgang mit schwarzen AusländerInnen hier in Graz. Es fehlt in Graz offensichtlich an einer Kultur des Umgangs mit den anderen, und das sehe ich als ganz große Aufgabe, hier eine Veränderung herbeizuführen.

ARGE Jugend gegen Gewalt:

Hat die Stadt Graz budgetär ausreichend vorgesorgt, um Maßnahmen, Initiativen, Projekte für die Verbesserung der Menschenrechtssituation durchführen, und diese auch nachhaltig und wirksam umsetzen zu können? Wie ist Ihre derzeitige Einschätzung?

Prof. Benedek:

Es ist völlig klar, dass die Mittel dafür bei weitem noch nicht vorhanden sind. Aber auf der anderen Seite haben wir auch noch keine umfassende Anforderung gestellt, welche Mittel wofür benötigt werden. Vieles könnte auch ohne großen Mitteleinsatz erreicht werden. Wenn z.B. eine Behörde sagt, wir machen ein Schulungsprogramm für unsere Mitarbeiter, das muss ja nicht zusätzlich etwas kosten. Die Unterstützung des ETC ist nicht dasselbe wie die Unterstützung für den Prozess „Graz als Menschenrechtsstadt". Die Menschenrechte haben in Graz bisher noch keine ausreichende Lobby. Wir haben jetzt angefangen, eine Lobby für diesen Bereich aufzubauen, denn sonst wird sich das Anliegen der Menschenrechtsstadt nicht nachhaltig durchsetzen lassen. Derzeit ist es so, dass man froh sein konnte, dass der Grazer Gemeinderat einstimmig beschlossen hat, dass Graz eine Menschenrechtsstadt sein will.

ARGE Jugend gegen Gewalt:

Verglichen mit anderen europäischen Städten haben wir eine doch

sehr sichere Stadt, man kann sich hier sehr frei und ungehindert bewegen, trotzdem haben wir aber sehr starke Sicherheitsbedürfnisse und imaginierte Angstszenarien. Hat man einen Schwarzafrikaner gesehen, befürchtet man, das wird sicher ein Drogendealer sein, hat aber kein Wort mit diesem gewechselt. Derzeit herrscht ein Kampf um die öffentlichen Plätze. Viele Wirtschafttreibende wollen z.B. Sandler von den öffentlichen Plätzen beseitigen. Bei der ersten Diskussion um den Hauptplatz ist das sogar so weit gegangen, dass gesagt wurde: „Die gehören weg, weg, weg." Und auf die Rückfrage: „Was meinen Sie mit weg?" wurde geantwortet: „Ist mir wurscht, einfach weg." Da ist die Menschenrechtsstadt am Prüfstand, wie geht man mit Anderssein um? Ein großer Teil der Unternehmerschaft in Graz und aufgeregter Bürger neigt eher dazu „law and order" zu schreien, Überwachungskameras zu installieren, mehr private Wachtrupps einzusetzen. Nur wissen wir aus der Psychologie, dass dadurch das Sicherheitsbewusstsein nicht wirklich gestärkt wird.
Kann es sich in der Stadt der Menschenrechte Graz eine wahlwerbende Gruppierung noch erlauben, das Ausländerthema für ihre Wahlkampfbemühungen zu instrumentalisieren? Kann man daraus noch politisches Kleingeld schlagen, indem man sagt, dass die Ausländer uns die Arbeitsplätze wegnehmen und dass sie kriminell sind? Oder ist dieses Thema jetzt für alle Zeiten ausgestanden?

Prof. Benedek:

Ich glaube, dass diese Versuchung ständig existiert und dass sich hier Graz als Menschenrechtsstadt erst mit dieser neuen Identität etablieren muss. Wenn uns das gelingt, wird die Wahrscheinlichkeit immer geringer werden, dass eine Partei damit einen Wahlkampf bestreitet. Wir sind ja noch am Anfang.

ARGE Jugend gegen Gewalt:

Wie wird das ETC dann reagieren, wenn das der Fall sein wird?

Prof. Benedek:

Wir werden mit allen unseren Möglichkeiten dagegen auftreten.

ARGE Jugend gegen Gewalt:

Herr Professor, wir danken ganz herzlich für das Gespräch.

Das Interview mit Univ.-Prof. Dr. Wolfgang Benedek führten Mag. Christian Ehetreiber, Christiane Murer und Lisa Stadler.

Die AutorInnen

Julian Ausserhofer, geb. 1985 in Schwaz in Tirol, wohnhaft in Graz-Umgebung, Schüler der HIB Graz-Liebenau

Katrin Bukowski, geb. 1985, Schülerin der HIB Graz-Liebenau

Daniela Fürst, geb. 1985, Schülerin der HIB Graz-Liebenau

Mehdi Gashani, geb. 1980 im Kosovo, Student, ehemaliger Schüler des BORG Hasnerplatz

Lisa Gotthard, geb. 1983, lebt im Bezirk Voitsberg, Schülerin des ORG der Ursulinen in Graz

Gregor Hasenhüttl, geb. 1984 in Gössendorf, Schüler des BG Carnerigasse Graz

Julia Kapl, geb. 1983 in Graz, Studentin, ehemalige Schülerin des BG/BRG Lichtenfelsgasse

Christiane Murer, geb. 1983, Schülerin des ORG der Ursulinen in Graz

Bernd Obermaier, geb. 1984 in Graz, Schüler des BG Carnerigasse Graz

Katarina Radman, geb. 1985 in Kroatien, Schülerin des BORG Monsbergergasse

Tanja Rumpold, geb. 1983, Schülerin des ORG der Ursulinen in Graz

André Schabler, geb. 1983 in Graz, wohnhaft in Graz-Umgebung, Schüler der HIB Graz-Liebenau

Lisa Stadler, geb. 1984, Schülerin des ORG der Ursulinen in Graz

Birgit Stoiser, geb. 1984, Schülerin des ORG der Ursulinen in Graz

Elena Teibenbacher, geb. 1984 in Graz, Schülerin des BG/BRG Carnerigasse

Nina Wesely, geb. 1984 in Graz, Schülerin am BG/BRG Lichtenfels

Die HerausgeberInnen

Christian Ehetreiber, Mag. phil., geb. 1963, ist Geschäftsführer der ARGE Jugend gegen Gewalt und Rassismus

Heimo Halbrainer, Mag. phil., geb. 1963, ist Historiker, Ausstellungskurator und Obmann von Clio – Verein für Geschichts- und Bildungsarbeit. Zahlreiche Publikationen zu den Themen Widerstand, NS-Zeit, Vergangenheitsbewältigung, Jüdisches Leben, Kulturgeschichte

Bettina Ramp, Mag. phil., geb. 1972, ist Projektleiterin der ARGE Jugend gegen Gewalt und Rassismus. Nach dem Studium Geschichte / Kunstgeschichte / Medienkunde / Museumspädagogik Mitgestaltung von Landesausstellungen der Kulturabteilung des Landes Steiermark

Die ZeitzeugInnen

Hans Kern, geb. 1921 in Graz, Ingenieur, lernte Adele Kurzweil Ende der 20er Jahre kennen.

Hanna Papanek, geb. 1927 in Berlin, Schriftstellerin und Sozialwissenschaftlerin (Ph. D. Harvard University), lehrte an Universitäten in Asien und USA, musste 1934 mit ihren Eltern ins Exil flüchten (Prag, Paris, Südfrankreich, USA); lernte Adele Kurzweil 1939 im Kinderheim der OSE kennen; zahlreiche Publikationen auf Englisch, Französisch, Deutsch, Indonesisch zu den Themen: Frauenforschung, Soziale Entwicklungsforschung, Exil.

Trude Speiser, geb. 1919 in Wien, ging 1938 nach Frankreich, wo sie in den Kinderheimen der OSE als Köchin arbeitete, ehe sie nach Montauban floh und in der Illegalität überlebte. Heute wohnt sie in einem Altersheim in der Nähe von Toulouse in Südfrankreich.

Josefine Stein, geb. 1912 in Wien, ging 1938 legal nach Paris und weiter nach Montauban, wo sie ihren Mann kennen lernte. Begegnete dort auch Bruno Kurzweil, der die Leitung der Gruppe der Sozialdemokraten überhatte. Mit falschen Papieren überlebten sie, ihr Mann und ihr Kind. Im Jahr 1947 kehrten sie nach Wien zurück. Heute lebt sie in einem Altersheim in Wien.

Verwendete Literatur und benutzte Archive

Archive

Archiv der Israelitischen Kultusgemeinde Graz
Archiv des Musée de la résistance et de la déportation Montauban
Archiv der Universität Graz
Archiv des Vereins für Geschichte der Arbeiterbewegung, Wien
Dokumentationsarchiv des österreichischen Widerstandes, Wien
Steiermärkisches Landesarchiv, Graz

Literatur

Binder Dieter A. / Gudrun Reitter / Herbert Rütgen, Judentum in einer antisemitischen Umwelt am Beispiel der Stadt Graz 1918-1938, Graz 1988

Caïla Pascal, Bruno, Gisèle et Adèle Kurzweil. Itinéraire d'une famille autrichienne juive 1938-1942, Montauban 1996

Deutsch Julius, Ein weiter Weg. Lebenserinnerungen, Wien 1960

DÖW (Hg.), Österreicher im Exil – Frankreich. Eine Dokumentation, Wien - München 1984

DÖW (Hg.), Österreicher im Exil – USA 1938-1945. Eine Dokumentation. 2 Bde, Wien 1995

Fleck Christian / Heinrich Berger, Gefesselt vom Sozialismus. Der Austromarxist Otto Leichter (1897-1973), Frankfurt / New York 2000

Grandjonc Jacques / Theresia Grundtner (Hg.), Zone der Ungewissheit. Exil und Internierung in Südfrankreich 1933 - 1944, Reinbek bei Hamburg 1993

Hinteregger Robert / Karl Müller / Eduard Staudinger (Hg.), Auf dem Weg in die Freiheit. Anstöße zu einer steirischen Zeitgeschichte, Graz 1984

Karner Stefan, Die Steiermark im 20. Jahrhundert. Politik, Wirtschaft, Gesellschaft, Kultur, Graz 2000

Klarsfeld Serge, Vichy - Auschwitz. Die Zusammenarbeit der deutschen und französischen Behörden bei der „Endlösung der Judenfrage" in Frankreich, Nördlingen 1989

Lagarrigue Max, 1940 – La France du Repli L'Europe de la Défaite, publié avec le concours de la Ville de Montauban, du Conseil Régional d'Aquitaine et de l'association Arkheia. Histoire-Mémoire du 20e siècle, Toulouse 2001

Leichter Käthe. Leben, Werk und Sterben einer österreichischen Sozialdemokratin. Hg. v. Herbert Steiner, Wien 1997

Leichter Henry O., Eine Kindheit. Wien – Zürich – Paris – USA. Aus dem Englischen übersetzt von Susi Schneider, Wien – Köln – Weimar 1995

Manfred Marschalek (Hg.), Untergrund und Exil. Österreichs Sozialisten zwischen 1934 und 1945, Wien 1990

Papanek Ernst, Die Kinder von Montmorency, Wien – München – Zürich 1980

Papanek Hanna, L'arrivée organisée des Autrichiens à Montauban: échec d'un asile ou malentendu de l'Histoire? Le cas de la famille Kurzweil, in: Lagarrigue Max, 1940 – La France du Repli L'Europe de la Défaite, publié avec le concours de la Ville de Montauban, du Conseil Régional d'Aquitaine et de l'association Arkheia. Histoire-Mémoire du 20e siècle, Toulouse 2001, 113-124

Reiter Franz Richard (Hg.), Unser Kampf. In Frankreich für Österreich. Interviews mit Widerstandskämpfern, Wien – Köln – Graz 1984

Schwager Ernst, Die österreichische Emigration in Frankreich 1938 - 1945, Wien – Köln – Graz 1984

Vormeier Barbara, Die Lage der deutschen Flüchtlinge in Frankreich. September 1939 - Juli 1942, in: Grandjonc Jacques / Theresia Grundtner (Hg.), Zone der Ungewissheit. Exil und Internierung in Südfrankreich 1933 - 1944, Reinbek bei Hamburg 1993, 210-234

Vormeier Barbara, La pratique du droit d'asile à l'égard des réfugiés en provenance d'Allemagne et d'Autriche en France (de septembre 1939 à octobre 1940), in: Lagarrigue Max, 1940 – La France du Repli L'Europe de la Défaite, publié avec le concours de la Ville de Montauban, du Conseil Régional d'Aquitaine et de l'association Arkheia. Histoire-Mémoire du 20e siècle, Toulouse 2001, 105-112

Abbildungsnachweis

ARGE Jugend gegen Gewalt und Rassismus, Graz: 10, 11, 15, 16, 17, 53, 61, 108, 110, 112, 113, 114

Bild- und Tonarchiv, Graz: 65, 71, 73, 75, 78

Dokumentationsarchiv des österreichischen Widerstands, Wien: 32, 49, 50, 51, 87

Musée de la résistance et de la déportation, Montauban: Umschlag, 21, 26, 28, 29, 30, 31, 34, 35, 36, 37 oben, 42, 43, 45, 46, 47, 52, 81, 83, 86, 88, 89, 90, 91, 92, 94, 95, 96, 97, 99, 100, 101 oben

Steiermärkisches Landesarchiv, Graz: 74

Steiermärkische Landesbibliothek, Graz: 24

Hans Kern, Graz: 19, 22, 27

Format, 14/1999: 103

Vom Justizpalast zum Heldenplatz. Studien und Dokumentation 1927 bis 1938. Hg. v. Ludwig Jedlicka / Rudolf Neck, Wien 1975: 23, 68, 69

Serge Klarsfeld, Vichy-Auschwitz. Die Zusammenarbeit der deutschen und französischen Behörden bei der „Endlösung der Judenfrage“ in Frankreich, Nördlingen 1989: 38, 101 unten

Henry O. Leichter, Eine Kindheit. Wien-Zürich-Paris-USA. Aus dem Englischen übersetzt von Susi Schneider, Wien-Köln-Weimar 1995: 55

Migrance 17. Premier trimèstre 2000: 37 unten

Franz Richard Reiter (Hg.), Unser Kampf. In Frankreich für Österreich. Interviews mit Widerstandskämpfern, Wien-Köln-Graz 1984: 48

Bücher des Verlages CLIO

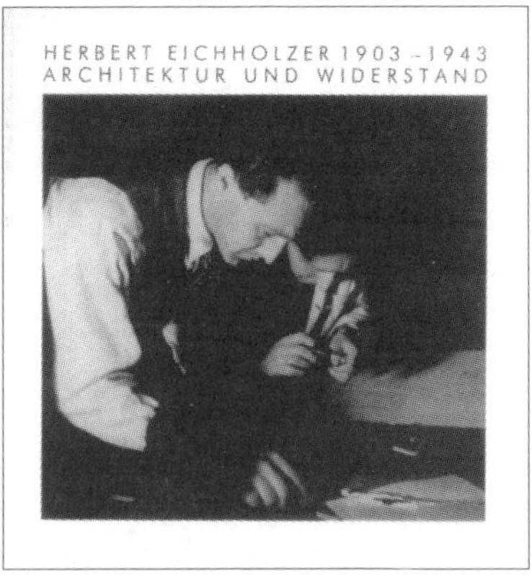

Herbert Eichholzer 1903-1943. Architektur und Widerstand. Katalog zur Ausstellung. Hg. v. Heimo Halbrainer, Graz 1998, 120 Seiten mit über 80 Abb., 18,-- Euro

Der heute beinahe vergessene steirische Architekt Herbert Eichholzer war in den dreißiger Jahren einer der führenden Vertreter des „Internationalen Stils“ in Österreich. In der Steiermark entstanden von ihm zwischen 1931 und 1937 eine Vielzahl moderner Bauten. Eichholzer war in diesen Jahren auch innerhalb der Grazer Sezession und der Avantgarde-Zeitschrift PLAN führend tätig. Vor den Nationalsozialisten 1938 zuerst nach Paris und später nach Ankara geflohen, kehrte er 1940 nach Graz zurück, um an der (Re)Organisation des Widerstandes in der Steiermark mitzuwirken. Im Februar 1941 wurde er festgenommen, zum Tode verurteilt und hingerichtet. Das Werk zeigt den Architekten und Widerstandskämpfer Herbert Eichholzer ebenso wie das kulturelle Umfeld jener Jahre.

Zwei Tage Zeit. Herta Reich und die Spuren jüdischen Lebens in Mürzzuschlag. Hg. v. Heimo Halbrainer, Graz 1999, ISBN 3-9500971-0-4, 120 Seiten mit zahlr. Abb., 10,-- Euro

Im Herbst 1939 verließ die Mürzzuschlagerin Herta Eisler-Reich mit etwa 1000 weiteren österreichischen Jüdinnen und Juden auf Donauschiffen Wien, um sich vor den Nationalsozialisten in Sicherheit zu bringen. Das Ziel ihrer Flucht war Palästina, doch endete diese in Jugoslawien. Über ein Jahr nach dem Beginn der Flucht fielen sie nach dem Überfall der Deutschen Wehrmacht auf Jugoslawien in die Hände der Nationalsozialisten. Herta Eisler und ihr Mann Romek Reich gehörten zu den wenigen, die den Nazis lebend entkommen konnten. Nach einer abenteuerlichen Flucht über Italien erreichten sie sechs Jahre nach der Abreise

Palästina. „Zwei Tage Zeit" ist die Schilderung dieser Flucht. Daneben berichtet es aber auch vom bescheidenen jüdischen Leben in Mürzzuschlag im 19. und 20. Jahrhundert, vom Antisemitismus, den „Arisierungen", der Verfolgung und Ermordung der Mürzzuschlager Juden.

Heimo Halbrainer, „In der Gewißheit, daß Ihr den Kampf weiterführen werdet". Briefe steirischer WiderstandskämpferInnen aus Todeszelle und KZ, Graz 2000, ISBN 3-9500971-1-2, 244 Seiten mit zahlreichen Abb., 16,-- Euro

„Der Historiker Heimo Halbrainer legt ein berührendes und aufwühlendes Werk vor. Über fünfzig Steirerinnen und Steirer sind es, die im Widerstand gegen den Nationalsozialismus standen und deren Leben unter dem Fallbeil, durch Erschießungskommandos oder in den Konzentrationslagern brutal endeten, die durch ihre letzten Briefe und Aussagen wieder klar und deutlich vor uns stehen. Erweiterung erfährt diese Dokumentation durch Fotos und Faksimile sowie durch zwei vom Autor verfaßte kompakte Abhandlungen über „Widerstand und Opposition in der Steiermark" und „Anatomie des Terrors in der Steiermark". (Dokumentationsarchiv des österreichischen Widerstandes – DÖW Mitteilungen).

Publikationen der ARGE Jugend gegen Gewalt und Rassismus

Jugend Zukunft Zukunftsjugend. Broschüre zur gewaltpräventiven und antirassistischen Arbeit an steirischen Berufsschulen zum Preis von öS 100,-- (7,27 Euro)

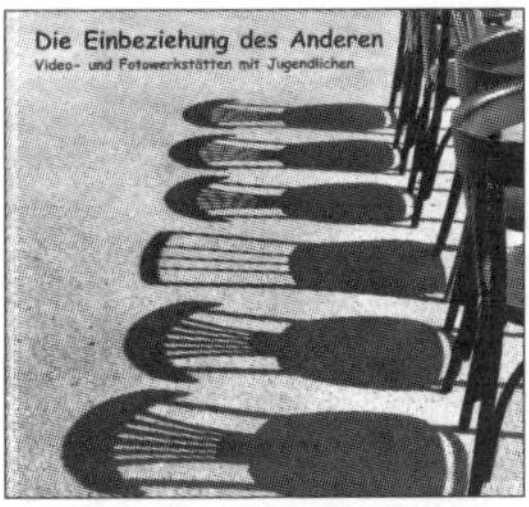

Die Einbeziehung des Anderen. Bild-Lese-Band zu den Video- und Fotowerkstätten mit steirischen Jugendlichen 2001 zum Preis von öS 80,-- (5,81 Euro)

Den Anderen mit anderen Augen gesehen. Ergebnisse der Kreativwerkstätten „Den Anderen mit anderen Augen gesehen" aus den Jahren 1999/2000. Fotos, Graffities und Literatur zum Preis von öS 100,-- (7,27 Euro)

Keine Angst. Die besten Texte aus dem Literaturwettbewerb „(Keine) Angst?" der Jugend-Literatur-Werkstatt Graz und der ARGE Jugend gegen Gewalt zum Preis von öS 100,-- (7,27 Euro)